Weixian Huowu Daolu Yunshu
Hangye Guanli Gongzuo Zhinan

危险货物道路运输行业管理工作指南

《危险货物道路运输行业管理工作指南（第2版）》编写组　组织编写

第2版

人民交通出版社
北京

内 容 提 要

本指南是依据法律法规赋予交通运输主管部门的危险货物道路运输行业管理职责编制的，主要内容包括：危险货物道路运输企业（单位）行政许可，《道路运输证》配发及管理，危险货物道路运输从业人员资格管理等市场准入管理，以及车辆技术管理与动态监管、监督管理、依法经营与信用管理、行业统计与档案管理等行业日常监管。

本指南既可作为各级交通运输主管部门管理人员依法行政、依法管理和科学规范执法的技术性指导手册，也可作为危险货物道路运输企业主要负责人、安全生产管理人员依法经营、依法运输和安全管理的学习及培训资料。

图书在版编目(CIP)数据

危险货物道路运输行业管理工作指南 /《危险货物道路运输行业管理工作指南(第2版)》编写组组织编写 . 2版 . — 北京 : 人民交通出版社股份有限公司, 2025.

1. — ISBN 978-7-114-19791-8

Ⅰ. U492.8-62

中国国家版本馆 CIP 数据核字第 2024XD4257 号

书　　名:	危险货物道路运输行业管理工作指南(第2版)
著　作　者:	《危险货物道路运输行业管理工作指南(第2版)》编写组
责任编辑:	董　倩　刘捃梁
责任校对:	龙　雪
责任印制:	张　凯
出版发行:	人民交通出版社
地　　址:	(100011)北京市朝阳区安定门外外馆斜街3号
网　　址:	http://www.ccpcl.com.cn
销售电话:	(010)85285857
总　经　销:	人民交通出版社发行部
经　　销:	各地新华书店
印　　刷:	中国电影出版社印刷厂
开　　本:	787×1092　1/16
印　　张:	12.5
字　　数:	275千
版　　次:	2015年7月　第1版 2025年1月　第2版
印　　次:	2025年1月　第2版　第1次印刷　总第3次印刷
书　　号:	ISBN 978-7-114-19791-8
定　　价:	68.00元

(有印刷、装订质量问题的图书，由本社负责调换)

《危险货物道路运输行业管理工作指南(第2版)》

审定委员会

严　季　　曾繁智　　张小建　　王　凯
李　川　　杜维剑　　蒋斐虎　　吴君民

编写组

刘浩学　　沈小燕　　晏远春　　杨开贵
沈　民　　张　皓　　关志勇　　胡海平
甄珊珊　　蔡　勇　　范文姬　　申银龙
杨红军　　张俊逸　　孔祥领　　桑　旦

一、编制目的

危险货物道路运输所承运货物具有易燃、易爆、腐蚀、毒害等危险特性,因此确保其运输安全是危险货物道路运输行业管理及企业安全管理的重点。

为进一步提升危险货物道路运输行业管理工作水平,规范危险货物道路运输市场秩序,保障危险货物道路运输安全,保障人民生命财产安全,保护环境,维护危险货物道路运输各方当事人的合法权益,促进危险货物道路运输行业健康发展,根据《中华人民共和国安全生产法》《中华人民共和国道路运输条例》《危险化学品安全管理条例》《道路危险货物运输管理规定》《危险货物道路运输安全管理办法》等有关法律、法规、规章和规范性文件,以及国家标准和行业标准要求,借鉴部分省市的先进管理经验,编制本指南。

二、编制内容

按照危险货物道路运输行业管理过程,本指南分为以下两个部分。

(1)危险货物道路运输市场准入管理:包括危险货物道路运输企业(单位)行政许可、《道路运输证》配发及管理、危险货物道路运输从业人员资格管理三个部分。

(2)危险货物道路运输行业日常监管:包括车辆技术管理与动态监管、监督管理、依法经营与信用管理、行业统计与档案管理四个部分。

三、适用范围

各级交通运输主管部门以及具有危险货物道路运输管理职能的机构,在开展行政许可和日常监管工作中可将本指南作为技术性指导手册。并可结合指南内容,认真学习掌握最新的国家相关法律、法规、规章及标准,确保合规、合法、合程序,提升专业技术素质和行业管理水平。

本指南中所涉及的行业日常监管工作,可能存在交叉,宜结合各地实际情况合并实施。放射性物品道路运输行业管理可参照本指南。

四、主要编制依据

本指南主要根据《中华人民共和国安全生产法》《中华人民共和国道路运输条例》《危险化学品安全管理条例》《道路危险货物运输管理规定》《危险货物道路运输安全管理办法》等有关法律、法规、规章、规范性文件和标准编制而成,主要编制依据如下表所示。编写组将根据相关法律、法规、规章、规范性文件和标准的增加与修订适时修订本指南。

主要编制依据

名称	文号(最新修订时间)或标准号
中华人民共和国安全生产法	主席令第88号(2021年)
中华人民共和国道路交通安全法	主席令第81号(2021年)
中华人民共和国行政许可法	主席令第29号(2019年)
中华人民共和国突发事件应对法	主席令第25号(2024年)
中华人民共和国固体废物污染环境防治法	主席令第43号(2020年)
中华人民共和国民法典	主席令第45号(2020年)
中华人民共和国统计法	主席令第31号(2024年)
中华人民共和国职业病防治法	主席令第24号(2018年)
中华人民共和国行政处罚法	主席令第70号(2021年)
中华人民共和国行政强制法	主席令第49号(2011年)
中华人民共和国道路运输条例	国务院令第764号(2023年)
危险化学品安全管理条例	国务院令第645号(2013年)
医疗废物管理条例	国务院令第588号(2011年)
生产安全事故报告和调查处理条例	国务院令第493号(2007年)
生产安全事故应急条例	国务院令第708号(2019年)
道路危险货物运输管理规定	交通运输部令2023年第13号
道路运输从业人员管理规定	交通运输部令2022年第38号
交通行政许可实施程序规定	交通部令2004年第10号
交通行政许可监督检查及责任追究规定	交通部令2004年第11号
交通运输行政执法程序规定	交通运输部令2021年第6号
道路运输车辆燃料消耗量检测和监督管理办法	交通运输部令2009年第11号
交通运输突发事件应急管理规定	交通运输部令2011年第9号
道路货物运输及站场管理规定	交通运输部令2023年第12号
道路运输车辆动态监督管理办法	交通运输部 公安部 应急管理部令2022年第10号
危险货物道路运输安全管理办法	交通运输部 工业和信息化部 公安部 生态环境部 应急管理部 国家市场监督管理总局令2019年第29号
危险废物转移管理办法	生态环境部 公安部 交通运输部令2021年第23号
交通运输统计管理规定	交通运输部令2018年第20号
道路运输车辆技术管理规定	交通运输部令2023年第3号
国家危险废物名录(2025年版)	生态环境部 国家发展和改革委员会 公安部 交通运输部 国家卫生健康委员会令2024年第36号
危险货物品名表	GB 12268
道路车辆外廓尺寸、轴荷及质量限值	GB 1589
机动车运行安全技术条件	GB 7258
机动车安全技术检验项目和方法	GB 38900
道路运输液体危险货物罐式车辆 第1部分:金属常压罐体技术要求	GB 18564.1

续上表

名称	文号(最新修订时间)或标准号
道路运输液体危险货物罐式车辆 第2部分:非金属常压罐体技术要求	GB 18564.2
道路运输爆炸品和剧毒化学品车辆安全技术条件	GB 20300
危险货物运输车辆结构要求	GB 21668
道路运输危险货物车辆标志	GB 13392
危险货物运输应急救援指南	GB/T 39652
道路运输安全监督检查规范	JT/T 1482
危险货物道路运输规则	JT/T 617
危险货物道路运输企业运输事故应急预案编制要求	JT/T 911
危险货物道路运输企业安全生产管理制度编写要求	JT/T 912
危险货物道路运输企业安全生产责任制编写要求	JT/T 913
危险货物道路运输企业安全生产档案管理技术要求	JT/T 914
汽车导静电橡胶拖地带	JT/T 230
道路运输车辆卫星定位系统 车载终端技术要求	JT/T 794
交通运输行业反恐怖防范基本要求	JT/T 961
危险货物道路运输营运车辆安全技术条件	JT/T 1285
危险化学品目录(2022调整版)	应急管理部 工业和信息化部 公安部 生态环境部 交通运输部 农业农村部 国家卫生健康委员会 国家市场监督管理总局 国家铁路局 中国民用航空局公告2022年第8号
国家安全监管总局办公厅关于印发危险化学品目录(2015版)实施指南(试行)的通知	安监总厅管三〔2015〕80号
应急管理部办公厅关于修改《危险化学品目录(2015版)实施指南(试行)》涉及柴油部分内容的通知	应急厅函〔2022〕300号
医疗废物分类目录(2021年版)	国卫医函〔2021〕238号
交通运输部关于印发《道路运输驾驶员诚信考核办法》的通知	交运规〔2022〕6号
交通运输部关于印发《道路运输企业主要负责人和安全生产管理人员安全考核管理办法》《道路运输企业主要负责人和安全生产管理人员安全考核大纲》的通知	交运规〔2024〕8号
国务院安委会关于印发《重大事故查处挂牌督办办法》的通知	安委〔2010〕6号
交通运输部关于加强交通运输安全生产标准化建设的指导意见	交安监规〔2023〕1号

续上表

名称	文号(最新修订时间)或标准号
交通运输部关于印发《交通运输安全生产警示约谈和挂牌督办办法》的通知	交安监规〔2023〕6号
交通运输部办公厅关于印发《道路运输企业和城市客运企业安全生产重大事故隐患判定标准(试行)》的通知	交办运〔2023〕52号
交通运输部办公厅关于加强危险货物道路运输运单管理工作的通知	交办运函〔2020〕531号
交通运输部 工业和信息化部 公安部 市场监管总局关于印发常压液体危险货物罐车治理工作方案的通知	交运发〔2021〕35号
交通运输部办公厅、公安部办公厅、应急管理部办公厅关于印发《道路运输安全生产治本攻坚三年行动实施方案》的通知	交办运〔2024〕24号
交通运输部办公厅关于全面推进实施危险货物道路运输电子运单管理工作的通知	交办运〔2023〕71号
交通运输部关于进一步规范限量瓶装氮气等气体道路运输管理有关事项的通知	交运发〔2017〕96号
交通运输部办公厅关于进一步规范医用核磁共振检测仪及限量瓶装氟利昂类制冷气体道路运输管理有关事项的通知	交办运〔2021〕42号
交通运输部关于印发《交通运输安全生产重点监管名单管理规定》的通知	交安监函〔2013〕643号
财政部、应急管理部关于印发《企业安全生产费用提取和使用管理办法》的通知	财资〔2022〕136号
交通运输部运输司关于修订印发《道路运输管理工作规范》的通知	交运便字〔2014〕181号
公路水路交通运输企业一套表统计调查制度	国统制〔2022〕199号

五、其他需要说明的问题

本指南以"小贴士"的形式对文中标"*"处进行解释说明。

上篇 危险货物道路运输市场准入管理

第1章 危险货物道路运输企业（单位）行政许可 ················· 3
  1.1 许可工作基本流程 ··· 3
  1.2 《道路运输经营许可证》或《道路危险货物运输许可证》核发 ········· 4
  1.3 子公司行政许可及分公司备案 ···································· 10
  1.4 《道路运输经营许可证》或《道路危险货物运输许可证》换发、
      变更及终止 ··· 11

第2章 《道路运输证》配发及管理 ································ 16
  2.1 《道路运输证》配发 ·· 16
  2.2 《道路运输证》变更 ·· 20
  2.3 《道路运输证》换发、补发 ······································· 22
  2.4 《道路运输证》注销 ·· 23
  2.5 车辆报停及恢复营运 ··· 23
  2.6 车辆退出 ·· 24
  2.7 车辆转籍、过户 ·· 24
  2.8 车辆管理档案归集 ·· 24

第3章 危险货物道路运输从业人员资格管理 ···················· 26
  3.1 从业人员资格考试 ·· 26
  3.2 从业资格证件的换证、补证、变更、注销、撤销和增项 ··········· 29
  3.3 主要负责人和安全生产管理人员安全考核 ······················· 31
  3.4 危险货物道路运输驾驶人员诚信考核 ···························· 33

下篇 危险货物道路运输行业日常监管

第4章 车辆技术管理与动态监管 ·································· 41
  4.1 车辆及罐式车辆罐体检验检测 ···································· 41
  4.2 道路运输达标车辆核查 ·· 45

  4.3 车辆年度审验 ·· 46
  4.4 车辆动态监管 ·· 48
  4.5 车辆智能视频监控报警系统 ·· 50
  4.6 车辆档案管理 ·· 51

第5章 监督管理 ·· 52
  5.1 安全生产标准化建设 ·· 52
  5.2 双重预防机制建设 ·· 54
  5.3 安全生产专项整治 ·· 56
  5.4 特殊时段安全生产监管 ·· 56
  5.5 安全生产月活动 ·· 57
  5.6 安全生产重点监管名单管理 ·· 58
  5.7 安全生产警示约谈和挂牌督办 ·· 60

第6章 依法经营与信用管理 ·· 64
  6.1 入户检查 ·· 64
  6.2 路检路查 ·· 68
  6.3 服务质量投诉管理 ·· 69
  6.4 运输企业质量信誉考核 ·· 71
  6.5 守信联合激励和失信联合惩戒对象名单 ···································· 73
  6.6 运单管理 ·· 73
  6.7 豁免管理 ·· 75

第7章 行业统计与档案管理 ·· 77
  7.1 行业统计管理 ·· 77
  7.2 日常监管档案管理 ·· 83

附 件

附件1 危险货物道路运输企业行政许可 ·· 87
  附件1-1 道路危险货物运输经营申请表 ·· 87
  附件1-2 投资人、负责人身份证明及其复印件 ································ 93
  附件1-3 经办人授权委托书 ·· 94
  附件1-4 企业章程文本 ·· 95
  附件1-5 拟投入危险货物道路运输车辆、设备承诺书 ······················ 102
  附件1-6 拟聘用危险货物运输从业人员承诺书 ······························ 104
  附件1-7 停车场地的土地使用证、租借合同、停车场地平面图、场地照片等
       材料 ·· 105

附件1-8　相关安全防护、环境保护、消防设施设备的配备情况清单……………109
附件1-9　交通行政许可申请不予受理决定书……………………………………110
附件1-10　交通行政许可申请补正通知书…………………………………………111
附件1-11　道路危险货物运输申请表………………………………………………112
附件1-12　省级以上应急管理部门颁发的危险化学品生产、使用等证明………118
附件1-13　交通行政许可申请受理通知书…………………………………………119
附件1-14　交通行政许可事项审查意见书…………………………………………120
附件1-15　交通行政许可文书(证件)送达回证……………………………………121
附件1-16　交通行政许可现场核查笔录……………………………………………122
附件1-17　交通行政许可事项核查意见书…………………………………………124
附件1-18　交通行政许可告知听证权利书…………………………………………125
附件1-19　公示…………………………………………………………………………126
附件1-20　道路危险货物运输行政许可决定书……………………………………127
附件1-21　道路危险货物运输行政许可决定书（剧毒化学品）…………………128
附件1-22　不予交通行政许可决定书………………………………………………129
附件1-23　危险货物道路运输企业分公司备案登记表……………………………130
附件1-24　关于同意××××设立分公司的函……………………………………136
附件1-25　关于同意××××设立分公司的复函…………………………………137
附件1-26　道路运输许可证件变更、换发、遗失补办、注销申请表……………138
附件1-27　危险货物道路运输企业停车场地变更申请表…………………………139
附件1-28　危险货物道路运输企业停车场地现场勘验表…………………………140
附件1-29　道路货物运输注销通知书………………………………………………141
附件1-30　危险货物道路运输企业许可事项通知书………………………………142
附件1-31　退出危险货物道路运输市场情形表（含撤销、吊销、注销）………143

附件2　《道路运输证》配发及管理……………………………………………………144
　　附件2-1　危险货物道路运输车辆《道路运输证》申领表…………………………144
　　附件2-2　道路运输达标车辆核查记录表…………………………………………145
　　附件2-3　营运车辆产权登记联系单………………………………………………149
　　附件2-4　道路运输证件异动报备表………………………………………………150

附件3　危险货物道路运输从业人员资格管理………………………………………152
　　附件3-1　道路危险货物运输从业人员从业资格考试申请表……………………152
　　附件3-2　道路运输从业人员从业资格证件换发、补发、变更登记表…………153
　　附件3-3　道路运输驾驶员诚信考核表……………………………………………154
　　附件3-4　继续教育通知书…………………………………………………………156
　　附件3-5　继续教育培训证明………………………………………………………157

附件4　车辆技术管理与动态监管 ·· 158
　　附件4-1　应急处理器材、安全防护设施设备和专用车辆标志的配备情况
　　　　　　承诺书 ·· 158
　　附件4-2　危险货物道路运输车辆年度审验表 ·· 159
　　附件4-3　联网联控系统考核表 ·· 160
　　附件4-4　危险货物道路运输车辆技术档案 ·· 163

附件5　监督管理 ·· 168
　　附件5-1　危险货物道路运输企业双重预防机制建设监督检查表 ············· 168

附件6　依法经营与信用管理 ··· 176
　　附件6-1　危险货物道路运输企业安全生产行政检查记录表 ··················· 176
　　附件6-2　道路运输安全生产行政检查工作汇总表 ······························· 182
　　附件6-3　危险货物道路运输路检路查事项一览表 ······························· 183

上篇
危险货物道路运输市场准入管理

概　　述

　　危险货物道路运输市场准入管理,是保障危险货物道路运输行业健康发展、安全运行的第一关口。各级交通运输主管部门要认真贯彻落实《中华人民共和国安全生产法》《中华人民共和国行政许可法》《中华人民共和国固体废物污染环境防治法》《危险化学品安全管理条例》《中华人民共和国道路运输条例》《道路危险货物运输管理规定》《危险货物道路运输安全管理办法》等有关法律、法规、规章,按照流程审核危险货物道路运输企业(单位)资质及其危险货物道路运输车辆(以下简称专用车辆)安全技术条件和从业人员资格,依法核发相关证件,建立健全相关档案,为实施有效的行业监督管理奠定良好基础。

　　危险货物是指具有爆炸、易燃、毒害、感染、腐蚀等危险特性,在生产、经营、运输、储存、使用和处置中,容易造成人身伤亡、财产损毁或者环境污染而需要特别防护的物质和物品。危险货物以列入《危险货物道路运输规则》(JT/T 617)的为准,未列入《危险货物道路运输规则》(JT/T 617)的,以有关法律、行政法规的规定或者国务院有关部门公布的结果为准。

　　剧毒化学品是指具有剧烈急性毒性危害的化学品,包括人工合成的化学品及其混合物和天然毒素,还包括具有急性毒性易造成公共安全危害的化学品。剧毒化学品见《危险化学品目录》的备注栏,标注为"剧毒"的则属于剧毒化学品。

　　危险废物、医疗废物是指列入《国家危险废物名录》《医疗废物分类目录》的固体废物和液态废物,以及未列入的但根据国家危险废物鉴别标准和鉴别方法认定具有危险特性的危险废物。其他未列入的,以有关法律、行政法规的规定或者国务院有关部门公布的结果为准。

第1章 危险货物道路运输企业(单位)行政许可

行政许可,是指行政机关根据公民、法人或者其他组织的申请,经依法审查,准予其从事特定活动的行为。

危险货物道路运输行政许可是对企业(单位)资质进行市场准入审查许可。设区的市级交通运输主管部门应按照《中华人民共和国道路运输条例》和《交通行政许可实施程序规定》等规定明确的程序和时限,对行政相对人申请登记、批准、许可等所提交的申请材料进行"形式审查"和"实质审查"。其中,"形式审查"是指交通运输主管部门对申请人所提交的申请材料是否齐全、是否符合法定形式进行审查,申请人对其申请材料实质内容的真实性负责。"实质审查"是指交通运输主管部门对申请材料实质内容的真实性进行审查,包括对停车场地、车辆等许可事项进行实地核查。

在许可过程中,交通运输主管部门应参照"审慎合理审查原则",对申请材料进行审查。

1.1 许可工作基本流程

许可工作基本流程的依据为《中华人民共和国行政许可法》《中华人民共和国道路运输条例》《交通行政许可实施程序规定》和《道路危险货物运输管理规定》。

依据法律法规要求,危险货物道路运输行政许可主要包括以下工作模块:
(1)许可申请受理。
(2)材料形式审查及处置。
(3)实质审查。
(4)许可公示。
(5)许可决定。
(6)许可证件发放。
(7)归档。

形式审查的对象有企业、车辆和从业人员等不同类型,业务包括申请、换发、变更、终止等情形。

各模块的基本关系如图1-1所示。

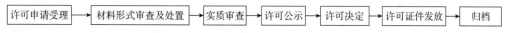

图1-1 许可工作模块示意图

1.2 《道路运输经营许可证》或《道路危险货物运输许可证》核发

《道路运输经营许可证》或《道路危险货物运输许可证》核发的依据为《中华人民共和国道路运输条例》《交通行政许可实施程序规定》和《道路危险货物运输管理规定》。

1.2.1 许可申请受理

1.2.1.1 危险货物道路运输企业许可受理

交通运输主管部门在受理时*(正文中标"*"处在随后的"小贴士"中有进一步注释说明，余同)，应查验是否具有下列申请材料：

(1)《道路危险货物运输经营申请表》(附件1-1)。

(2)《营业执照》及复印件。

(3)拟担任企业法定代表人的投资人或者负责人的身份证明及其复印件(附件1-2)，经办人的身份证明及其复印件和授权委托书(附件1-3)。

(4)企业章程文本(附件1-4)。

(5)证明专用车辆、设备情况的材料。未购置专用车辆、设备的材料包括：拟投入危险货物道路运输车辆、设备承诺书(附件1-5)，承诺期限不得超过1年。已购置专用车辆、设备的材料包括：车辆行驶证(车辆使用性质为危化品运输)、机动车检验检测报告(含车辆技术等级)、道路运输达标车辆核查记录表、通信工具和卫星定位装置配备证明；罐式专用车辆的罐体检测合格证(新车提供出厂检验合格证)或者检测报告及复印件等有关材料。

(6)拟聘用专职安全生产管理人员、驾驶人员、装卸管理人员、押运人员的，应当提交拟聘用危险货物运输从业人员承诺书(附件1-6)，承诺期限不得超过1年；已聘用的应当提交从业资格证及其复印件、驾驶证及其复印件。

(7)停车场地的土地使用证、租借合同、停车场地平面图、场地照片等材料(附件1-7)。有土地使用证的，应当符合《城市用地分类与规划建设用地标准》(GB 50137)中规定的三类工业用地或三类仓储物流用地；无土地使用证的，应有乡镇(街道)及以上地方人民政府及相关主管部门出具的不是耕地及土地使用权人归属的证明。自有或者租借期限应当在3年以上，且与经营范围、规模相适应的停车场地应当位于企业注册地设区的市级行政区域内。

(8)相关安全防护、环境保护、消防设施设备的配备情况清单(附件1-8)。

(9)有关安全生产管理制度文本，至少应包括企业主要负责人、安全生产管理部门负责人、专职安全生产管理人员、从业人员安全生产责任制度，安全生产监督检查制度，安全生产教育培训制度，从业人员、专用车辆、设备及停车场地安全管理制度，应急救援预案制度，安全生产作业规程，安全生产考核与奖惩制度，安全事故报告、统计与处理等制度*。

若申请事项依法不属于本行政机关职权范围的，应当及时作出不予受理的决定，并向申请人出具《交通行政许可申请不予受理决定书》(附件1-9),同时告知申请人应当向有关行政机关提出申请。

若申请材料不齐全或不符合法定形式的,申请人当场不能补全或者更正的,交通运输主管部门应当场或者在5日内向申请人出具《交通行政许可申请补正通知书》(附件1-10),一次告知申请人需要补正的全部内容,并加盖实施机关行政许可专用印章,注明日期;逾期不告知的,自收到申请材料之日起即为受理。

各地对受理、审查等有时限要求的,从其地方要求。

申请从事国际道路运输经营活动的应当从事国内道路运输经营满3年,且近3年内未发生重大以上道路交通责任事故。

1.2.1.2 非经营性危险货物道路运输单位许可受理

交通运输主管部门在受理时,除查验1.2.1.1中所述(2)(如为事业单位应提交《事业单位法人证书》)以及(5)至(10)项材料外,还需查验:

(1)《道路危险货物运输申请表》(附件1-11)。

(2)省级以上应急管理部门颁发的危险化学品生产、使用等证明(附件1-12),或能证明科研、军工等企事业单位性质或者业务范围的有关材料。

(3)特殊运输需求的说明材料。

(4)经办人的身份证明及其复印件和授权委托书。

> **小贴士**
>
> (1)为优化营商环境,便利企业(单位)办事,各地可结合实际,采取适当方式,对申请人进行事前指导,帮助危险货物道路运输企业(单位)完善许可申请材料。具备条件的交通运输主管部门,可从政务系统提取相关证明材料,无须经营者提供。
>
> (2)其他法律法规还规定了风险分级管控和隐患排查治理制度、动态监控管理制度文本,至少应包括系统平台的建设、维护和管理制度,车载终端安装、使用及维护制度,监控人员岗位职责及管理制度,交通违法动态信息处理和统计分析制度等。

1.2.2 材料形式审查及处理

对1.2.1许可申请受理环节提交的申请材料进行形式审查,具体包括:

(1)查验《道路危险货物运输经营申请表》或《道路危险货物运输申请表》是否属于格式文本,填写是否符合要求。

(2)查验《营业执照》或《事业单位法人证书》与许可申请材料所列名称是否一致,《营业执照》或《事业单位法人证书》经营范围是否包含道路危险货物运输。企业(单位)注册地址是否与申请材料所列地址相符。

(3)查验企业法定代表人或者负责人的身份证原件与复印件是否一致,经办人的身份证明及其复印件和授权委托书是否一致。

(4)审查企业章程文本时,重点查看企业名称、经营范围、投资人等信息与申请材料是否相符,注册地址是否在管辖区域内。

(5)查验承诺书内容是否包括数量、车辆类型、车辆技术等级、总质量、核定载质量、车轴数以及车辆外廓尺寸、罐体容积等内容;罐式专用车辆罐体载货后的总质量与车辆核定载质量是否相匹配*;运输剧毒化学品、爆炸品、易制爆危险化学品、强腐蚀危险货物的专用车辆核定载质量是否符合要求;承诺投入的车辆,承诺期限是否超过1年,与其申请的经营范围是否匹配;已购置车辆的,审查所购车辆材料是否符合规定要求。

(6)查验拟聘用专职安全生产管理人员、驾驶人员、装卸管理人员、押运人员的承诺期限是否超过1年。已聘用的应当查验从业资格证及其复印件、驾驶证及其复印件;对于从事剧毒化学品、爆炸品道路运输的驾驶人员、装卸管理人员、押运人员,查看其从业资格证是否注明"剧毒化学品运输"或者"爆炸品运输"的从业类别。

(7)查验停车场地的土地使用证是否有效,租借期限是否在3年以上,场地平面图、场地照片等材料是否清晰。无土地使用证的,应有乡镇(街道)及以上地方人民政府及相关主管部门出具的不是耕地及土地使用权人归属的证明*。

(8)查验相关安全防护、环境保护、消防设施设备的配备情况清单。

(9)查验有关安全生产管理制度文本是否符合相关规定要求,其内容是否与企业所申请的经营范围相适应。

经材料形式审查符合上述条件的,交通运输主管部门应当送达《交通行政许可申请受理通知书》(附件1-13),并及时制作《交通行政许可事项审查意见书》(附件1-14)、《交通行政许可文书(证件)送达回证》(附件1-15),连同申请材料转交相关审核部门进行实质审查。

小贴士

(1)关于类别、项别或品名,以及剧毒化学品的标注和填写,建议按照下列方式填写:

①有项别的填写到项别,如第2类气体,填写时应细分到2.1项、2.2项、2.3项,同时备注剧毒化学品除外。

②对于剧毒化学品,可填写成液氯(剧毒)、氰化钾(剧毒)。

(2)受理人员应仔细核对《道路危险货物运输经营申请表》或《道路危险货物运输申请表》中人员、车辆信息,提供的人员、车辆材料应与其一致。

(3)罐式专用车辆罐体载货后总质量不应超过车辆核定载质量。通常,在车辆公告信息中会记载罐体的总容量、有效容积,以及准运介质的最大密度。在计算时,可使用准运介质最大密度乘以罐体有效容积,其值应不超过车辆核定载质量。

(4)运输企业(单位)租赁不能耕种的郊区土地或其他企业闲置场地(无土地使用证),签订有效的停车场地租借合同且合同有效期限在3年以上,配备相应的安全防护、环境防护、消防设施设备,封闭并设立明显标志,且未妨碍居民生活和威胁公共安全的,可以作为停车场地。因此,对这部分停车场地,交通运输主管部门在受理许可时无须要求企业(单位)提供土地使用证,但应要求其提供土地所在地乡镇(街道)及以上地方人民政府及相关主管部门出具的不是耕地及土地使用权人归属的证明。

1.2.3 实质审查

依据《道路危险货物运输管理规定》,交通运输主管部门需对申请材料的实质内容进行核实,审查申请材料体现的情况是否与法定的行政许可条件一致。

实施实质审查,应当指派两名以上工作人员进行。可以采用以下方式:

(1)当面询问申请人及与申请材料内容有关的人员;

(2)根据申请材料内容相互印证;

(3)根据行政机关掌握的有关信息与申请材料进行印证;

(4)请其他行政机关协助审查申请材料内容的真实性;

(5)调取查阅有关材料,核实申请材料内容的真实性;

(6)对有关设备、设施、工具、场地进行实地核查;

(7)依法进行检验、勘验、监测;

(8)听取利害关系人意见;

(9)必要时还可以举行听证或召开专家评审会议审查申请材料内容的真实性。

实地核查主要内容包括:

(1)是否有固定的办公场所*及相应的办公设施。

(2)是否有动态监控区域或监控室,室内是否配备监控设备、通信设备等*,鼓励动态监控区域或监控室相对独立。

(3)停车场地是否封闭,停车场面积是否符合要求*;是否设立明显标志*;是否存在妨碍周边居民生活和威胁公共安全的情况。

(4)相关安全防护、环境保护和消防设施设备配备情况与所提供申请材料是否一致*。

实质审查结束后,制作《交通行政许可现场核查笔录》(或勘验表)(附件1-16)、《交通行政许可事项核查意见书》(附件1-17),由参与实质审查的工作人员签字确认,并附上现场拍摄的相关照片。

交通运输主管部门对申请进行审查时,若发现行政许可事项直接关系他人重大利益的,应当按照《交通行政许可实施程序规定》的要求告知利害关系人,并听取申请人、利害关系人的意见。

交通运输主管部门在作出交通行政许可决定前,应当告知申请人、利害关系人享有要求听证的权利,并出具《交通行政许可告知听证权利书》(附件1-18)。申请人、利害关系人在被告知听证权利之日起5日内提出听证申请的,交通运输主管部门应当在20日内组织听证。

> **小贴士**
>
> （1）办公场所和《营业执照》上的注册地址应一致。
> （2）实地核查时，注意查看是否具备动态监控人员或者视频监控手段。
> （3）不同运输企业（单位）共用同一块停车场地的，每家企业（单位）所属的停车面积应分别符合《道路危险货物运输管理规定》中的许可要求。每家企业（单位）应明确各自安全责任。
> （4）注意查看危险货物运输车辆专用停车场、禁止烟火、无关人员不得进入等标志标识是否配备齐全且悬挂在明显位置。
> （5）常用安全防护设施设备可参考《危险货物道路运输规则 第7部分：运输条件及作业要求》(JT/T 617.7—2018)中4.4用于个人防护的装备；常用环境保护设施设备主要包括回收、清洗、处理等设施设备；常用消防设施设备有灭火器、消防水池、天然水源等。查验时提供设备清单，有自制消防设备如沙桶等，可提供照片予以证明。

1.2.4　许可公示

经实质审查符合要求的，交通运输主管部门可在其网站或办公场所向社会公示（附件1-19），接受社会监督，公告时间一般为7个工作日。

1.2.5　许可决定

经公示无异议的，交通运输主管部门应作出许可决定。

决定准予许可的，向被许可人出具《道路危险货物运输行政许可决定书》（附件1-20），注明许可事项，具体内容应当包括运输危险货物的范围（类别、项别或品名，如果为剧毒化学品应当标注"剧毒"，见附件1-21）、专用车辆数量、要求以及运输性质（经营性或非经营性）。

决定不予许可的，向申请人出具《不予交通行政许可决定书》（附件1-22）。

许可机关应当将准予许可的企业或单位的许可事项等，及时以书面形式告知许可企业所在地县级交通运输主管部门。

1.2.6　许可证件发放

决定准予许可的，应在10日内向危险货物道路运输经营申请人发放《道路运输经营许可证》，向非经营性危险货物道路运输申请人发放《道路危险货物运输许可证》。

许可证上应注明以下事项：

（1）企业（单位）名称、注册地址、经营范围、发证日期、有效期*。
（2）从事剧毒化学品运输的，在经营范围中除了注明相应的类别、项别或品名以外，还应标注"剧毒"。
（3）从事危险废物、医疗废物运输的，在经营范围中注明"危险废物""医疗废物"。
（4）加盖设区的市级交通运输主管部门印章。

> **小贴士**
> 各地根据实际情况,对于承诺投入专用车辆或承诺聘用从业人员的,《道路运输经营许可证》或《道路危险货物运输许可证》的有效期可与承诺期限保持一致。

1.2.7 归档

1.2.7.1 经营性危险货物道路运输业户许可档案材料

(1)《道路危险货物运输经营申请表》。

(2)《营业执照》复印件。

(3)法定代表人、负责人的身份证明复印件,经办人的身份证明复印件和授权委托书。

(4)企业章程文本。

(5)未购置专用车辆的,拟投入危险货物道路运输车辆、设备承诺书;已购置专用车辆的,车辆行驶证复印件、机动车检验检测报告(含车辆技术等级)复印件、道路运输达标车辆核查记录表复印件、通信工具和卫星定位装置配备证明、罐式专用车辆的罐体检测合格证或者检测报告复印件。

(6)拟聘用专职安全生产管理人员、驾驶人员、装卸管理人员、押运人员的人员清单及承诺书;已聘用人员的人员清单及相关从业资格证复印件、驾驶证复印件。

(7)停车场地的土地使用证和租借合同复印件,停车场地平面图、场地照片等材料。无土地使用证的,应有乡镇(街道)及以上地方人民政府及相关主管部门出具的不是耕地及土地使用权人归属的证明。

(8)相关安全防护、环境保护、消防设施设备的配备情况清单。

(9)有关安全生产管理制度文本。

(10)《交通行政许可申请受理通知书》。

(11)需补全或更正申请材料的,存档《交通行政许可申请补正通知书》。

(12)《交通行政许可现场核查笔录》(或勘验表)。

(13)《交通行政许可事项核查意见书》。

(14)《交通行政许可审查意见书》。

(15)《道路危险货物运输行政许可决定书》。

(16)如存在利害关系人,存档《交通行政许可告知听证权利书》。

(17)《交通行政许可文书(证件)送达回证》。

(18)《道路运输经营许可证》复印件。

(19)其他需要存档的材料。

1.2.7.2 非经营性危险货物道路运输业户许可档案材料

(1)《道路危险货物运输申请表》。

(2)《营业执照》或《事业单位法人证书》复印件。

（3）省级以上应急管理部门颁发的危险化学品生产、使用等证明，或者科研、军工等企事业单位性质或业务范围的证明材料。

（4）特殊运输需求的说明材料。

（5）经办人的身份证明复印件和授权委托书。

（6）未购置专用车辆的，拟投入专用车辆、设备承诺书；已购置专用车辆的，车辆行驶证复印件、机动车检验检测报告(含车辆技术等级)复印件、道路运输达标车辆核查记录表复印件、通信工具和卫星定位装置配备证明、罐式专用车辆的罐体检测合格证或者检测报告复印件。

（7）拟聘用专职安全生产管理人员、驾驶人员、装卸管理人员、押运人员的人员清单及承诺书；已聘用人员的人员清单及相关从业资格证复印件、驾驶证复印件。

（8）停车场地的土地使用证和租借合同复印件，停车场地平面图、场地照片等材料。无土地使用证的，应有乡镇(街道)及以上地方人民政府及相关主管部门出具的不是耕地及土地使用权人归属的证明。

（9）相关安全防护、环境保护、消防设施设备的配备情况清单。

（10）有关安全生产管理制度文本。

（11）《交通行政许可申请受理通知书》。

（12）需补全或更正申请材料的，存档《交通行政许可申请补正通知书》。

（13）《交通行政许可现场核查笔录》(或勘验表)。

（14）《交通行政许可事项核查意见书》。

（15）《交通行政许可审查意见书》。

（16）《道路危险货物运输行政许可决定书》。

（17）《交通行政许可文书(证件)送达回证》。

（18）《道路危险货物运输许可证》复印件。

（19）其他需要存档的材料。

1.3　子公司行政许可及分公司备案

子公司行政许可及分公司备案的依据为《道路危险货物运输管理规定》。

1.3.1　子公司的行政许可

子公司的行政许可按照本书 1.2 节各项流程办理，向子公司注册地设区的市级交通运输主管部门申办。

1.3.2　分公司的备案

1.3.2.1　备案申请受理

设立分公司的，应向分公司注册地设区的市级交通运输主管部门备案。

分公司注册地的交通运输主管部门在受理分公司备案时,除查验 1.2.1.1 中所述(2)和(5)至(10)项材料外,还需查验:

(1)《危险货物道路运输企业分公司备案登记表》(附件 1-23)。

(2)总公司《道路运输经营许可证》正本复印件和副本原件、分公司《营业执照》复印件。

(3)分公司负责人的身份证明复印件,经办人的身份证明及其复印件和授权委托书。

(4)总公司与拟设立的分公司不属于同一设区的市级交通运输主管部门管辖的,应审核总公司所在地市级交通运输主管部门出具的《关于同意×××设立分公司的函》(附件 1-24)。

1.3.2.2　证件发放

(1)总公司与拟设立的分公司属于同一设区的市级交通运输主管部门管辖的,交通运输主管部门在原《道路运输经营许可证》副本"分支机构"栏予以注明,发放新的《道路运输经营许可证》副本,并出具分公司备案证明。

(2)总公司与拟设立的分公司不属于同一设区的市级交通运输主管部门管辖的,分公司所在地市级交通运输主管部门应当向分公司颁发《道路运输经营许可证》副本,同时向总公司注册地设区的市级交通运输主管部门出具《关于同意××××设立分公司的复函》(附件 1-25)。总公司注册地设区的市级交通运输主管部门在总公司《道路运输经营许可证》相关内容栏中标注。

(3)总公司已取得危险货物道路运输经营资质,分公司的危险货物道路运输经营范围不得超过总公司,并与总公司已投入或拟投入的车辆经营范围相适应。

1.4　《道路运输经营许可证》或《道路危险货物运输许可证》换发、变更及终止

《道路运输经营许可证》或《道路危险货物运输许可证》换发、变更及终止的依据为《中华人民共和国道路运输条例》《道路货物运输及站场管理规定》和《道路危险货物运输管理规定》。

1.4.1　许可证换发

1.4.1.1　到期换证

《道路运输经营许可证》的有效期为 4 年。《道路危险货物运输许可证》的有效期需要结合企业提交的省级以上应急管理部门颁发的危险化学品生产、使用等证明,以及能证明科研、军工等企事业单位性质或者业务范围的有关材料来综合判定,但不能超过前置许可证件。

对因《道路运输经营许可证》或《道路危险货物运输许可证》有效期到期申请换证的,设区的市级交通运输主管部门应当会同企业(单位)所在地的县级交通运输主管部门,根据许可要求对该企业(单位)的资质条件进行符合性复审,必要时可开展实地核查,同时审查

下列情况：

(1)隐患整改是否落实。

(2)安全生产标准化建设和双重预防体系建设情况。

(3)有无严重违章未处理。

(4)年度质量信誉(信用)考核情况。

1.4.1.2 审查换发

(1)由申请人填写并提交《道路运输许可证件变更、换发、遗失补办、注销申请表》(附件1-26)。

(2)由县级交通运输主管部门进行初审,初审合格后报设区的市级交通运输主管部门终审。

(3)申请人如通过上述审查的予以换证*。

(4)《道路运输经营许可证》或《道路危险货物运输许可证》正、副本因损坏、污损,需换发新证的,应向原许可机关提出申请,原许可机关收回原证件,按原证件编号换发新证。

(5)《道路运输经营许可证》或《道路危险货物运输许可证》正、副本因遗失需补发的,应向原许可机关提出申请,原许可机关予以补发新证,并重新编号。

(6)《道路运输经营许可证》或《道路危险货物运输许可证》正、副本因损坏、污损换证及遗失补证的,其证件有效期一律填写换、补证日期至原证件有效期截止日期。

> **小贴士**
>
> 企业(单位)通过所在地县级交通运输主管部门审查但没有通过设区的市级交通运输主管部门审查的,设区的市级交通运输主管部门应不予换发,并将相关情况及时抄送县级交通运输主管部门。

1.4.2 许可事项变更

对危险货物道路运输企业(单位)申请变更法人、名称、地址等市场登记事项的,要求企业(单位)向原许可机构备案。变更经营范围(含增加经营范围)等许可事项的,要求企业(单位)向原许可机构提出许可申请,并按照《道路危险货物运输管理规定》有关许可的规定办理,许可变更事项应抄告企业(单位)所在地县级交通运输主管部门。

1.4.2.1 变更法定代表人、负责人

经营性危险货物道路运输企业变更法定代表人或者负责人的,申请人应填写《道路运输许可证件变更、换发、遗失补办、注销申请表》,并随表提交新的企业章程文本。受理机构审核提交的申请表是否与《营业执照》及复印件、身份证明及复印件、经办人身份证明及复印件和授权委托书一致。符合条件的,予以变更并备案。

非经营性危险货物道路运输单位变更法定代表人或者负责人的,参照以上办法执行。

1.4.2.2 变更名称、地址

经营性危险货物道路运输企业变更名称、地址的,申请人应填写《道路运输许可证件变更、换发、遗失补办、注销申请表》。受理机构审核提交的申请表是否与《营业执照》及复印件、身份证明及复印件、经办人身份证明及复印件和授权委托书一致。符合条件的,予以变更并换发《道路运输经营许可证》及车辆《道路运输证》。

非经营性危险货物道路运输单位变更名称、地址的,参照以上办法执行。符合条件的,予以变更并换发《道路危险货物运输许可证》及车辆《道路运输证》。

1.4.2.3 变更停车场地

经营性危险货物道路运输企业变更停车场地的,申请人应填写《危险货物道路运输企业停车场地变更申请表》(附件1-27),并提供相关证明材料(材料要求与许可申请受理时提交的一致,具体见1.2.1.1)。设区的市级交通运输主管部门应会同辖区所在地的县级交通运输主管部门对停车场地进行现场勘验,填写《危险货物道路运输企业停车场地现场勘验表》(附件1-28),符合要求的予以变更。

非经营性危险货物道路运输单位变更停车场地的,参照以上办法执行。

1.4.2.4 变更经营范围

1)申请新增(扩大)经营范围

按照本书1.2节许可流程办理。

2)申请减少经营范围

(1)审核申请人提交的下列材料:

①在《道路运输许可证件变更、换发、遗失补办、注销申请表》的注销栏中填写需要注销的经营范围;

②《营业执照》或《事业单位法人证书》;

③《道路运输经营许可证》或《道路危险货物运输许可证》;

④身份证明或委托人身份证明。

(2)换发证件。

经审查通过的,核减其经营范围,并为其换发《道路运输经营许可证》或《道路危险货物运输许可证》正、副本等证件。若因企业经营范围的减少导致企业所属车辆《道路运输证》的经营范围缩减,需要按照本书2.2节的流程和要求进行《道路运输证》变更。

1.4.3 经营(运输)终止

1.4.3.1 申请终止

(1)申请终止经营(运输)的,要求申请人提交下列材料*:

①《道路运输许可证件变更、换发、遗失补办、注销申请表》;

②《营业执照》或《事业单位法人证书》复印件;

③《道路运输经营许可证》或《道路危险货物运输许可证》复印件；

④经办人的身份证明及复印件和授权委托书。

(2)核准及抄告。

材料齐全的,原许可交通运输主管部门在《道路运输许可证件变更、换发、遗失补办、注销申请表》上签注"终止"意见,同时向危险货物道路运输企业出具《道路货物运输注销通知书》(附件1-29),并及时抄告企业所在地的市级市场监督管理部门和县级交通运输主管部门。

(3)注销证件。

交通运输主管部门应督促相关企业在停业后10日内将《道路运输经营许可证》或《道路危险货物运输许可证》以及车辆《道路运输证》交回原许可机关,办理注销手续*。

1.4.3.2 撤销

根据《道路货物运输及站场管理规定》第五十八条的规定,危险货物道路运输企业(单位)停产停业整顿,仍不具备法律、行政法规和国家标准或者行业标准规定的安全生产条件的,尤其是不再具备开业要求的安全生产条件的,由原许可机关撤销原许可,收回已核发的许可证明文件并及时在政务系统中注销。同时,注销企业(单位)所属专用车辆的《道路运输证》,要求其停止营业,并将相关情况及时以《危险货物道路运输企业许可事项通知书》(附件1-30)形式告知企业(单位)所在地县级交通运输主管部门,并在媒体上公告,将相关信息抄送同级市场监督、公安管理部门*。

已取得《道路运输经营许可证》或者《道路危险货物运输许可证》的危险货物道路运输企业(单位),未在承诺期限内落实专用车辆、设备,以及聘用专职安全生产管理人员、驾驶人员、装卸管理人员和押运人员的,或者没有达到相应的许可要求的,原许可机关应当撤销许可决定(或撤销相应经营范围),收回已核发的许可证明文件(或核减相应的经营范围),并及时在政务系统中注销或者修改,同时注销车辆的《道路运输证》(或核减相应的经营范围),要求其停止营业,并将相关情况及时以《危险货物道路运输企业许可事项通知书》形式告知企业(单位)所在地县级交通运输主管部门,并在媒体上公告,将相关信息抄送同级市场监督、公安管理部门。

1.4.3.3 吊销

根据《道路货物运输及站场管理规定》第六十四条和《道路危险货物运输管理规定》第五十七条的规定,危险货物道路运输企业或者单位存在下列情形之一的,由交通运输主管部门责令限期改正并依法处理,拒不改正或情节严重的,由原许可机关吊销《道路运输经营许可证》或者《道路危险货物运输许可证》,或者吊销其相应的经营范围：

(1)强行招揽货物的；

(2)没有采取必要措施防止货物脱落、扬撒的；

(3)未投保危险货物承运人责任险的；

(4)投保的危险货物承运人责任险已过期,未继续投保的。

此外,《中华人民共和国安全生产法》第一百一十三条规定,生产经营单位存在下列情形之一的,负有安全生产监督管理职责的部门应当提请地方人民政府予以关闭,有关部门应当依法吊销其有关证照。生产经营单位主要负责人5年内不得担任任何生产经营单位的主要负责人;情节严重的,终身不得担任本行业生产经营单位的主要负责人:

(1)存在重大事故隐患,180日内3次或者一年内4次受到本法规定的行政处罚的;

(2)经停产停业整顿,仍不具备法律、行政法规和国家标准或者行业标准规定的安全生产条件的;

(3)不具备法律、行政法规和国家标准或者行业标准规定的安全生产条件,导致发生重大、特别重大生产安全事故的;

(4)拒不执行负有安全生产监督管理职责的部门作出的停产停业整顿决定的。

小贴士

(1)申请人申请终止经营的,应在终止之日30日前向原许可机关提交相关材料。

(2)注销相关许可证件后,由设区的市级交通运输主管部门在相关媒体或官方网站上进行公告。

(3)应退出危险货物运输的企业(单位),若不按照要求办理相关手续的,可在媒体上或官方网站上公告后,直接注销,并将相关信息抄送同级市场监督管理部门。

(4)企业(单位)所属运输车辆、从业人员若不按照要求办理相关手续从事经营的,应将企业(单位)列入安全生产重点监管名单,限制其办理其他相关业务。

(5)常见的撤销、吊销、注销相关证件的情形,见《退出危险货物道路运输市场情形表》(附件1-31)。

第2章 《道路运输证》配发及管理

危险货物道路运输车辆(以下简称专用车辆)是指满足特定技术条件和要求,从事危险货物道路运输的载货汽车。专用车辆是危险货物道路运输的主要载体,其合法性及其安全技术状况直接关系到危险货物运输的安全性和高效性。

《道路运输证》是证明危险货物道路营运车辆合法运输的有效证件,也是记录运输车辆审验情况的主要凭证。

2.1 《道路运输证》配发

《道路运输证》配发的依据为《中华人民共和国道路运输条例》《道路危险货物运输管理规定》。

2.1.1 申请受理

交通运输主管部门对申领《道路运输证》的,应要求并指导申请人提交下列材料*:

(1)《危险货物道路运输车辆〈道路运输证〉申领表》(附件2-1)。

(2)机动车登记证书、行驶证原件及其复印件*,机动车行驶证上的使用性质标记为"危化品运输"。

(3)机动车检验检测报告(含车辆技术等级,技术等级须注明"一级"),挂车无须评级。

(4)《道路运输达标车辆核查记录表》(附件2-2),核查结论应为"符合",且明确适用于专用车辆。

(5)具有行驶记录功能的卫星定位装置配备佐证材料。

(6)罐式专用车辆的罐体检测合格证或者检测报告及复印件等有关材料。

(7)停车场面积是否满足新投放车辆停车要求。

(8)在有效期内的危险货物道路运输承运人责任保险单及其复印件*。

(9)与行驶证相一致的车辆照片。

(10)经办人身份证明复印件及经办人授权委托书。

> **小贴士**
>
> (1)为了保证拟申请专用车辆符合相应条件,避免造成不必要的浪费,在新增车辆前,受理申请的交通运输主管部门或者指定机构可对照表2-1所示的内容进行复核,符合条件的,同意拟投入车辆申请。

拟投入专用车辆的审核内容　　　　　　　　表2-1

对象	审核内容
新开业企业	①投入车辆条件； ②停车场面积与公司所有车辆投影面积匹配比例； ③驾驶人员、押运人员的配备情况
已开业经营企业	除审查上述内容外，还应增加对下列内容的审查： ①隐患整改落实及行政处罚处理情况； ②已有车辆年审情况； ③卫星定位信息上传情况； ④专职动态监控人员与车辆数的配比情况； ⑤安全生产管理制度落实情况； ⑥停车场地面积符合情况； ⑦其他必要的安全管理情况

(2)为保证车辆在公安交通管理部门登记的使用性质与交通运输主管部门核定的一致，交通运输主管部门可与公安交通管理部门建立协同机制，对于拟办理《机动车行驶证》的专用车辆，凭交通运输主管部门签发的《营运车辆产权登记联系单》（附件2-3）到公安交通管理部门办理产权登记、上牌手续。

(3)有条件的地区可通过网上办理新增专用车辆的相关手续，并通过信息系统，将新增车辆与日常监管相关业务关联，实现危险货物运输的协同管理。

(4)对于报废的、擅自改装的、检测不合格的、车辆技术等级达不到一级的货车列车（铰接列车、具有特殊装置的大型物件运输专用车辆除外）、移动罐体（罐式集装箱除外）和其他不符合国家规定的车辆，不得配发《道路运输证》。

(5)对照车辆登记证书和罐体检测合格证明材料等文件，核查车辆核定载质量和罐体容积。其中，运输剧毒化学品、爆炸品、强腐蚀性危险货物的非罐式专用车辆，核定载质量不得超过10t，但符合国家有关标准的集装箱运输专用车辆除外。运输爆炸品、强腐蚀性危险货物的罐式专用车辆的罐体容积不得超过$20m^3$，运输剧毒化学品的罐式专用车辆的罐体容积不得超过$10m^3$，但符合国家有关标准的罐式集装箱除外。

(6)核查出具常压罐体检测检验报告的检测机构是否在相关部门认定的具备常压液体危险货物罐车罐体检验资质的检验机构名单中。

(7)承运人责任保险要求第三者责任险赔偿额度为每车每次事故不低于100万元（经营范围仅含第9类的，不低于50万元），其中每车每次事故每人的伤亡责任赔偿限额不低于40万元。

注意事项：

(1)集装箱骨架式运输车辆申请剧毒化学品、爆炸品等经营范围。

运输剧毒化学品、爆炸品的罐式专用车辆和非罐式专用车辆均有容积和核定载质量的限制,很多企业因此选择使用骨架式运输半挂车载运集装箱或者罐式集装箱的方式来运输剧毒化学品和爆炸品。但很多骨架式运输半挂车在设计制造时已明确其载运的罐式集装箱不适合剧毒化学品和爆炸品,故在配发该类车辆《道路运输证》时需要特别注意。

在实际配发骨架式运输车辆的《道路运输证》时,可以按照下列流程进行检查。

①通过道路机动车辆生产企业及产品信息查询系统(miit-eidc.org.cn)查询车辆公告信息,检查公告信息"其他"栏中记载的危险货物运输信息,如图2-1所示。图2-1中危险品罐式集装箱骨架式运输半挂车的信息明确"罐箱装运的危险品类别为:非剧毒化学品及爆炸品",故该车不可配发剧毒化学品或者爆炸品经营范围。

其他	采用适用于牵引危险品运输半挂车的牵引车,牵引销处车架总高度为90mm,用于运输40英尺危险品罐箱或普通罐箱,也可运输40英尺集装箱。<u>罐箱装运的危险品类别为:非剧毒化学品及爆炸品</u>,允许运输介质的最大密度为1840kg/m³,危险货物运输车辆的车辆类型:FL。此车加装配灭火器,导静电接线盘及导电拖地带,选装后部灯具样式,选装大梁打孔。车长/牵引销至车辆最前端的距离/轴距/后悬尺寸关系一一对应。一、ABS:型号:CM2XL-4S/2M。生产厂家:广州瑞立科密汽车电子股份有限公司。二、防护:防护材料均采用Q235B,侧防护为螺栓连接,后防护为焊接。后防:离地高度为480mm,断面为140mm×50mm。
其他	<u>运输40英尺危险品(非剧毒化学品及爆炸品)罐箱</u>,危险货物运输车辆类型:FL型,准运介质的最大密度:3119kg/m³。采用适用于牵引危险品运输半挂车的牵引车。也可运输40英尺集装箱或普通罐箱,牵引销处车架高度90mm,170mm,190mm。ABS系统生产厂家/型号:广州瑞立科密汽车电子股份有限公司/CM2XL-4S/2M,广州市西合电子装备有限公司/XH-GQ4S2M-E01,浙江万安科技股份有限公司/VIE-TABS II,威伯科汽车控制系统(中国)有限公司/4005000880,后防护断面高度/断面宽度/离地高度:140mm/70mm/480mm,侧后防护材质/连接方式:侧防护Q345或铝合金后防护Q345/后防护焊接侧防护螺栓连接。选装侧防护结构,选装前后封框结构及外形结构。选装护轮板结构。护轮板材质可以为塑料也可以为金属。前部导向块结构,选装导向块引起车辆高度变化,但不影响车辆任何性能,选装前封框和后封框结构

图2-1 道路机动车辆生产企业及产品信息查询系统截图

②通过道路运输车辆技术服务网（https://atestsc.mot.gov.cn）查看道路运输达标车辆核查记录表，尤其是"特定运输介质"栏中记载的信息。若"特定运输介质"栏中未注明"剧毒化学品"，则在配发《道路运输证》时，其经营范围应备注"剧毒化学品除外"。若"特定运输介质"栏中注明"剧毒化学品"，则该车辆《道路运输证》经营范围可以包含剧毒化学品，如图2-2所示。

其他	罐箱尺寸为20英尺，既可运输危险品罐箱，也可运输同尺寸集装箱或普通罐箱。危险货物运输车辆类型为FL，准运介质的最大密度为1923.9kg/m³，只能采用危险品牵引车运输。该车采用空气悬架，牵引销处车架总高度90mm/150mm/194mm。该车加装配灭火器、导静电接线盘及导电拖地带。选装前梁结构，选装菱形告示牌位置，选装锁具结构，选装挡泥板，选装安全告示牌位置，选装灭火器样式及位置，选装工具箱样式，选装尾部样式，选装前横梁电气路布置。EBS生产厂为采埃孚商用车系统（青岛）有限公司，型号为4801020640；浙江万安科技股份有限公司，型号为VIE TEBS-I；克诺尔商用车系统企业管理（上海）有限公司，型号为K11061XVXX；广州瑞立科密汽车电子股份有限公司，型号为CM-TEBS。侧防护材质/连接方式：铝合金/螺栓连接；后防护材质/连接方式：碳钢/焊接式，断面尺寸槽型150mm×60mm，离地高480mm。选装后防护材质/连接方式：碳钢/焊接式，断面尺寸矩形140mm×80mm，离地高480mm		
危险货物车辆类型	FL,OX,AT,CT	悬架型式	非独立式空气悬架
倾覆保护装置	不适用	后部防护装置	不适用
罐体尾部至后部防护装置间距(mm)	不适用	罐体尾部至后下部防护装置间距(mm)	不适用
特定运输介质	易燃危险货物，剧毒化学品		

图2-2 道路运输车辆技术服务网截图

若车辆公告信息"其他"栏中未标注该车辆运输危险品罐式集装箱为非剧毒化学品及爆炸品，且达标车辆核查记录表"特定运输介质"栏中包含了剧毒化学品，则该车辆可用于剧毒化学品运输。

当"特定运输介质"栏中标注为"不适用"时，则表明该车辆不能承运易燃危险货物、剧毒化学品和温度控制危险货物，可以运输2.2项非易燃无毒气体、第8类腐蚀性物质等。

（2）强腐蚀危险货物的界定。

对于"强腐蚀危险货物"的判定目前没有明确标准。在实际执行时，可以参考《道路运输液体危险货物罐式车辆 第1部分：金属常压罐体技术要求》（GB 18564.1）附表A.1中"危险程度分类"列标注为"强腐蚀"（图2-3），或《危险货物道路运输规则 第3部分：品名及运输要求索引》（JT/T 617.3）附表A.1中列明包装类别为I类的腐蚀性物质。

（3）自卸车承运危险货物。

根据《道路危险货物运输管理规定》，倾卸式车辆只能运输散装硫黄、萘饼、粗蒽、煤焦沥青等危险货物。故在核查车辆技术条件时，若车辆类型为倾卸式车辆，其经营范围只可包含散装硫黄、萘饼、粗蒽、煤焦沥青等危险货物。

2.1.2 证件发放

经审核符合条件的，配发车辆《道路运输证》，并在"经营范围"栏内注明允许运输的危险货物类别、项别或品名，危险废物、医疗废物单独标注*。车辆的经营范围不得超过《道路运输经营许可证》或《道路危险货物运输许可证》的经营范围。

附表 A.1（续）

序号	GB 12268编号	介质名称和说明	浓度%	危险程度分类	包装类别	特殊要求	罐体设计代码	液压试验压力 MPa
48	1824	氢氧化钠溶液	<30 30~40 50~60	腐蚀	Ⅱ		L4BN	0.4
49	1830	硫酸（含酸高于51%）	<65 65~75 75~100	腐蚀	Ⅱ		L4BN	0.4
50	1831	发烟硫酸	>102	强腐蚀、毒性中度危害	Ⅱ		L10BH	0.4
51	1832	硫酸废液	<70	腐蚀	Ⅱ		L4BN	0.4
58	2031	硝酸（发红烟的除外）	70~100	强腐蚀、氧化剂	Ⅰ	TC6 TT1	L10BH	0.4
73	2790	乙酸溶液	10~80	强腐蚀	Ⅱ		L4BN	0.4

图 2-3　GB 18564.1 中表格截图

如果允许运输的危险货物为剧毒化学品还应标注"剧毒"。在为常压罐车配发《道路运输证》时，不再标注准运介质，而在"备注"栏标注"适装介质见罐体检验证书"。对从事非经营性危险货物道路运输的车辆，还应当加盖"非经营性危险货物运输专用章"。

分公司购置专用车辆的，由分公司所在地市级交通运输主管部门按上述流程配发《道路运输证》。

> **小贴士**
> 移动式压力容器在《道路运输证》的"备注"栏标注特种设备使用登记证上明确的具体介质。

2.2　《道路运输证》变更

《道路运输证》变更的依据为《中华人民共和国道路运输条例》《道路货物运输及站场管理规定》和《道路危险货物运输管理规定》。

2.2.1　申请受理

向原发证机构提出变更申请，提交下列材料：
①《道路运输证件异动报备表》（附件 2-4）；
②《道路运输经营许可证》或《道路危险货物运输许可证》；
③《道路运输证》原件及其复印件；
④机动车登记证书、行驶证原件及其复印件；
⑤机动车检验检测报告（含车辆技术等级）；

⑥具有检验资格的检验检测机构出具的,且在有效期内的罐式专用车辆的罐体检测合格证明材料及其复印件*;

⑦在有效期内的危险货物道路运输承运人责任保险单及其复印件;

⑧经办人身份证明复印件及授权委托书。

2.2.2 换发证件

经审查通过的,发证机关变更经营范围,收回旧证,按原证件编号换发新证。若使用电子证照,则在电子证照系统中进行变更*。

> **小贴士**
>
> **运输企业更换在用罐体适装介质列表的流程**
>
> 运输企业确需变更在用罐体适装介质列表的,应根据《关于印发常压液体危险货物罐车治理工作方案的通知》(交运发〔2021〕35号)规定的流程办理(图2-4)。

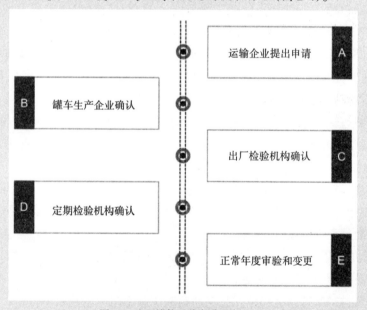

图2-4 在用罐体适装介质列表

(1)根据《关于印发常压液体危险货物罐车治理工作方案的通知》(交运发〔2021〕35号)的要求,运输企业确需变更在用罐体适装介质列表的,可以向罐车生产企业提出变更要求。

(2)罐车生产企业基于罐车和罐体设计、制造过程的技术资料,依据相关标准和规范对运输企业变更要求进行确认,对符合罐车安全技术和罐体兼容性条件的,向运输企业出具新的适装介质列表,并将适装介质列表变更的依据及相关设计、制造技术资料一并提供给运输企业。

(3)运输企业再将新的适装介质列表及相关技术资料委托罐体出厂检验机构按照《道路运输液体危险货物罐式车辆 第1部分:金属常压罐体技术要求》(GB 18564.1)进行检验确认。

(4)对于检验结论为合格的,由定期检验机构进行确认,并在定期检验报告和检验合格证书中明确新的适装介质范围。

2.3 《道路运输证》换发、补发

《道路运输证》换发、补发的依据为《中华人民共和国道路运输条例》《道路危险货物运输管理规定》。

(1)《道路运输证》有效期为3年,到期换发,具体换证工作可由各省(自治区、直辖市)结合当年的车辆审验工作进行。

(2)《道路运输证》污损的,危险货物道路运输企业(单位)应向原发证机构提出换发申请,发证机关应收回旧证,按原证件编号换发新证。

(3)《道路运输证》遗失的,危险货物道路运输企业(单位)应向原发证机构提出补发申请,并在所在地报刊或在相关媒体刊登遗失声明,发证机关予以补办新证、重新编号,在业户档案及车辆管理档案中注销原证件号码,登记新的号码。

(4)《道路运输证》换发期间,为不影响危险货物道路运输企业(单位)的正常经营,发证机构保留《道路运输证》主证,并在《道路运输证》副证中注明事由和有效期,准予企业(单位)凭《道路运输证》副证继续运输。有效期最长不得超过1个月。

(5)《道路运输证》补发期间,为不影响危险货物道路运输企业(单位)的正常经营,发证机构在《道路运输证》副证中注明事由和有效期,准予企业(单位)凭《道路运输证》副证继续运输。有效期最长不得超过1个月。

(6)危险货物道路运输企业(单位)因违法行为被暂扣《道路运输证》的,车籍地的发证机构不得为其补办新的《道路运输证》。

对于换发、补发《道路运输证》的,交通运输主管部门应审核以下材料:

(1)《道路运输证件异动报备表》(附件2-4)。

(2)《道路运输证》及复印件。

(3)遗失的,应出具在所在地报刊或在相关媒体刊登的遗失声明。

(4)机动车检验检测报告(含车辆技术等级)。

(5)具有检验资格的检验检测机构出具的,且在有效期内的罐式专用车辆的罐体检测合格证明材料及其复印件。

(6)在有效期内的危险货物道路运输承运人责任保险单及其复印件。

(7)经办人身份证明复印件及经办人授权委托书。

2.4 《道路运输证》注销

《道路运输证》注销的依据为《中华人民共和国道路运输条例》《道路危险货物运输管理规定》。

对于注销《道路运输证》的,交通运输主管部门应审核以下材料:
(1)《道路运输证件异动报备表》。
(2)《道路运输证》原件。
(3)经办人身份证明复印件及授权委托书。

对资料齐全的,办理注销手续,并将车辆变动情况登记在危险货物道路运输经营者的车辆管理档案中。

2.5 车辆报停及恢复营运

2.5.1 报停营运

车辆报停营运的,要求危险货物道路运输企业(单位)填写《道路运输证件异动报备表》,并将报停车辆的《道路运输证》上交交通运输主管部门*。

对资料齐全的,由原发证交通运输主管部门办理车辆报停营运手续。若使用电子证照,则在电子证照系统中进行备注。

小贴士

(1)车辆报停可以本地区相关要求为准。
(2)车辆报停超过其审验有效期的,车辆恢复营运时,交通运输主管部门应为企业办理车辆年审手续。

2.5.2 恢复营运

对车辆报停后申请恢复营运的,危险货物道路运输企业(单位)所在地的县级交通运输主管部门应要求企业(单位)填写并提交《道路运输证件异动报备表》。

县级交通运输主管部门对机动车检验检测报告(含车辆技术等级)、承运人责任险保单、车辆年审记录、罐体检测合格报告、移动式压力容器检验检测合格报告等资料进行审核,资料齐全并符合要求的,应当发还《道路运输证》并恢复营运。

2.6 车辆退出

经营者出现下列情况之一的,应将车辆退出营运:

(1)因严重违规,按照有关规定须吊销其《道路运输证》的,交通运输主管部门应当予以吊销,收回其《道路运输证》,并发布公告、抄告同级公安交通管理部门。

(2)营运车辆超过地方交通运输主管部门规定期限未进行年度审验的,应退出道路运输市场,交通运输主管部门应当注销其《道路运输证》,并发布公告、抄告同级公安交通管理部门。

(3)车辆使用年限超过10年,以及按照相关法律法规要求的其他退出情形。

2.7 车辆转籍、过户

车辆转籍、过户的依据为《中华人民共和国道路运输条例》《道路危险货物运输管理规定》《道路运输车辆技术管理规定》。

车辆转籍、过户《道路运输证》的配发程序如下:

(1)车辆转籍或过户的,危险货物道路运输企业(单位)应向原发证机构提交《道路运输证件异动报备表》,并交回《道路运输证》。

(2)原发证机构在核实其已交回有关证件后,应将车辆异动情况登记在车辆原所属的业户档案中。

(3)车辆转籍或过户后,拟继续从事道路运输经营的,应当到转入地交通运输主管部门重新办理《道路运输证》。

①车辆转籍或过户后,转入车辆的危险货物道路运输企业(单位)申领《道路运输证》的,应向转入地交通运输主管部门提交配发《道路运输证》所要求的材料。

②重新配发《道路运输证》的机关仍为原发证机关的,应当将车辆管理档案归入转入车辆的危险货物道路运输企业(单位)的车辆管理档案中;发证机关发生变化的,原则上原发证机关应将车辆管理档案通过政务系统完整移交新发证机关。

2.8 车辆管理档案归集

设区的市级交通运输主管部门向申请人发放车辆《道路运输证》后,应当将2.1.1、2.2~2.7中所列的各类材料归入档案。专用车辆管理档案坚持"一车一档",并纳入申请人许可档案材料。

交通运输主管部门应当依托政务系统建立车辆管理档案,及时更新档案内容,实现全国道路运输车辆管理档案信息共享。未建立电子档案的申请人所在地的县级交通运输主管部门应当备份存档车辆管理档案材料。

车辆管理档案具体材料目录见表2-2。

交通运输主管部门车辆管理档案材料目录　　　　　　表2-2

序号	档案名称	备注
1	拟投入危险货物运输车辆审核表*	
2	危险货物道路运输车辆《道路运输证》申领表	附件2-1
3	机动车登记证书、机动车行驶证复印件	
4	具有行驶记录功能的卫星定位装置配备佐证材料	
5	道路运输达标车辆核查记录表	附件2-2
6	经办人身份证明复印件及授权委托书	
7	机动车检验检测报告(含车辆技术等级)	
8	具有专业资质的机构出具的罐式专用车辆的罐体检测合格证明及其复印件	
9	在有效期内的危险货物道路运输承运人责任保险单及其复印件	
10	聘用驾驶人员的驾驶证、从业资格证复印件	
11	聘用押运人员的从业资格证复印件	
12	《道路运输证》复印件	
13	道路运输证件异动报备表	附件2-4
14	在所在地报刊或在相关媒体刊登的遗失声明	

注:标记"*"的文档,各地可根据当地实际情况采用并建档。

第3章　危险货物道路运输从业人员资格管理

加强对危险货物道路运输从业人员从业资格的管理,是提高从业人员综合素质,减少道路运输安全生产事故,确保道路运输安全的重要前提。

国家对危险货物道路运输从业人员实行从业资格考试制度。从业资格是对危险货物道路运输从业人员所从事的特定岗位职业素质的基本评价,从业资格证件是其从事危险货物道路运输经营活动的法定证件,是实施道路运输行业管理的有效载体,是保证从业人员业务技术素质和职业道德的重要手段。

危险货物道路运输从业人员包括危险货物道路运输驾驶人员、押运人员和装卸管理人员。

3.1　从业人员资格考试

从业人员资格考试的依据为《道路运输从业人员管理规定》。

3.1.1　驾驶人员的从业资格许可

3.1.1.1　考试申请条件告知

对于申请危险货物道路运输从业人员从业资格考试的驾驶人员,交通运输主管部门应告知其考试申请条件,具体包括:

(1)取得相应的机动车驾驶证。

(2)年龄不超过60周岁。

(3)3年内无重大以上交通责任事故*。

(4)取得经营性道路旅客运输或者货物运输驾驶人员从业资格两年以上或者接受全日制驾驶职业教育。

(5)接受相关法规、安全知识、专业技术、职业卫生防护和应急救援知识的培训,了解危险货物性质、危害特征、包装容器的使用特性和发生意外时的应急措施*。

从事4500kg及以下普通货运车辆运营活动的驾驶人员,申请从事危险货物道路运输的,应当符合前款第(1)(2)(3)(5)项规定的条件。

> **小贴士**
>
> (1)3年内无重大以上交通责任事故记录证明由当地公安交通管理部门出具。危险货物道路运输驾驶人员可以通过"交管12123"App网上自行申请、查询、下载、打印交通责

任事故、准驾车型变化、交通违法和满分等记录,驾驶人驾驶证信息,近3年内的交通违法、一般程序处理的交通责任事故、准驾车型变更记录,当前及最近连续三个完整记分周期内满分记录等信息。

(2)驾驶人员在申请从业资格考试前,应先到具备相应资质的培训机构报名参加培训。

3.1.1.2 考试申请审核

若符合3.1.1.1的条件,其户籍地或者暂住地设区的市级交通运输主管部门对申请参加危险货物道路运输驾驶人员从业资格考试的,应指导其填写《道路危险货物运输从业人员从业资格考试申请表》(附件3-1),并审核下列材料:

(1)身份证明。

(2)机动车驾驶证。

(3)道路旅客运输驾驶人员从业资格证件或者道路货物运输驾驶人员从业资格证件或者全日制驾驶职业教育学籍证明(从事4500kg及以下普通货运车辆运营活动的驾驶人员除外)。

(4)相关培训证明*。

(5)道路交通安全主管部门出具的3年内无重大以上交通责任事故记录证明。具体格式以公安交通管理部门出具的为准。

(6)1寸免冠证件照片两张。

小贴士

从事爆炸品、剧毒化学品、放射性物品运输的从业人员的培训证明中还应含有爆炸品、剧毒化学品、放射性物品的相关培训内容。

3.1.1.3 考试发证

审核通过的申请人,由受理设区的市级交通运输主管部门组织考试*。若申请人在从业资格考试中有舞弊行为,则取消其当次考试资格,考试成绩无效。

考试结束后,由考试所在地设区的市级交通运输主管部门公布考试成绩。实施计算机考试的,应当现场公布考试成绩。考试成绩有效期为1年,逾期作废。

对考试合格人员,应当自公布考试成绩之日起5日内颁发相应的道路运输从业人员从业资格证件,从业资格证件有效期6年。从事除剧毒化学品、爆炸品、放射性物品以外的危险货物道路运输的,从业资格证件上应注明"危险货物道路运输";从事剧毒化学品、爆炸品、放射性物品道路运输的,从业资格证件上应注明"剧毒化学品运输""爆炸品运输"或"放射性物品运输"。

社会可以通过交通运输部的公众号及官方网站查询到道路运输从业人员相关信息。

3.1.1.4 归档

交通运输主管部门应当结合道路运输从业人员从业资格证件的管理工作,依托信息化系统,推进从业人员管理数据共享,实现异地稽查信息共享、动态资格管理和高频服务事项跨区域协同办理。

设区的市级交通运输主管部门向申请人发放《道路运输从业人员从业资格证》后,应当将3.1.1.2中所列的各类材料归入道路运输从业人员从业资格管理档案,同时,还应将其参加从业资格考试及从业资格证件记录保存在档。具体包括:

(1)《道路危险货物运输从业人员从业资格考试申请表》(附件3-1)。
(2)身份证复印件。
(3)机动车驾驶证复印件。
(4)道路旅客运输驾驶人员从业资格证件或者道路货物运输驾驶人员从业资格证件复印件。
(5)相关培训证明复印件。
(6)3年内无重大以上交通责任事故记录证明。
(7)从业资格考试及从业资格证件记录。
(8)《道路运输从业人员从业资格证件换发、补发、变更登记表》(附件3-2)。
(9)违章、事故及诚信考核等。

3.1.2 押运人员、装卸管理人员的从业资格许可

3.1.2.1 考试申请条件告知

对于申请危险货物道路运输从业人员从业资格考试的押运人员或装卸管理人员,交通运输主管部门应告知其考试申请条件,具体包括:

(1)年龄不超过60周岁。
(2)初中以上学历。
(3)接受相关法规、安全知识、专业技术、职业卫生防护和应急救援知识的培训,了解危险货物性质、危害特征、包装容器的使用特性和发生意外时的应急措施"。

> **小贴士**
>
> 押运人员、装卸管理人员在申请从业资格考试前,应先到具备相应资质的培训机构报名参加培训。

3.1.2.2 考试申请审核

若符合3.1.2.1的条件,其户籍地或者暂住地设区的市级交通运输主管部门对申请参加危险货物道路运输押运人员和装卸管理人员从业资格考试的,应指导其填写《道路危险货物运输从业人员从业资格考试申请表》(附件3-1),并审核下列材料:

(1)身份证明。
(2)学历证明。
(3)相关培训证明。
(4)1寸免冠证件照片两张。

3.1.2.3　考试发证

审核通过的申请人,由受理设区的市级交通运输主管部门组织考试。若申请人在从业资格考试中有舞弊行为,则取消其当次考试资格,考试成绩无效。

考试结束5日内,由考试所在地设区的市级交通运输主管部门公布考试成绩。实施计算机考试的,应当现场公布考试成绩。考试成绩有效期为1年,逾期作废。

对考试合格人员,应当自公布考试成绩之日起5日内颁发相应的道路运输从业人员从业资格证件,从业资格证件有效期为6年。从事除剧毒化学品、爆炸品、放射性物品以外的危险货物道路运输的,从业资格证件应注明"危险货物道路运输";从事剧毒化学品、爆炸品、放射性物品道路运输的,从业资格证件上应注明"剧毒化学品运输""爆炸品运输"或"放射性物品运输"。

3.1.2.4　归档

设区的市级交通运输主管部门向申请人发放《道路运输从业人员从业资格证》后,应当将3.1.2.2中所列的各类材料归入道路运输从业人员从业资格管理档案,同时,还应将其参加从业资格考试及从业资格证件记录保存在档。具体包括:

(1)《道路危险货物运输从业人员从业资格考试申请表》(附件3-1)。
(2)身份证复印件。
(3)学历证明复印件。
(4)相关培训证明复印件。
(5)从业资格考试及从业资格证件记录。
(6)《道路运输从业人员从业资格证件换发、补发、变更登记表》(附件3-2)。
(7)违章、事故等。

3.2　从业资格证件的换证、补证、变更、注销、撤销和增项

从业资格证件的换证、补证、变更、注销、撤销和增项的依据为《道路运输从业人员管理规定》。

3.2.1　从业资格证件的换证、补证和变更

3.2.1.1　换证、补证和变更条件

(1)道路运输从业人员应当在从业资格证件有效期届满30日前到原发证机关办理换证手续。

(2)从业资格证件遗失、毁损的,应当到原发证机关办理证件补证手续。

(3)道路运输从业人员服务单位变更的,应当到交通运输主管部门办理从业资格证件变更手续。

3.2.1.2 申请受理

道路运输从业人员办理换证、补证和变更手续时,市级交通运输主管部门应要求且指导其填写《道路运输从业人员从业资格证件换发、补发、变更登记表》(附件3-2)。

3.2.1.3 申请审核

交通运输主管部门应对符合要求的从业资格证件换发、补发、变更申请予以办理。申请人违反相关从业资格管理规定且尚未接受处罚的,受理机关应当在其接受处罚后换发、补发、变更相应的从业资格证件。

3.2.2 从业资格证件的注销

道路运输从业人员有下列情形之一的,由发证机关注销其从业资格证件:

(1)持证人死亡的。

(2)持证人申请注销的。

(3)从业人员年龄超过60周岁的。

(4)机动车驾驶证被注销或者被吊销的。

(5)超过从业资格证件有效期180日未申请换证的。

凡被注销的从业资格证件,应当由发证机关予以收回,公告作废并登记归档;无法收回的,从业资格证件自行作废。

若从业资格证件因超过有效期180日而被注销的,在原证件超过有效期两年内(含两年),可在完成24学时的继续教育后,申请参加相应类别从业资格考试大纲规定的理论科目考试。考试合格的,恢复其原有从业资格,初始领证日期以原证件为准,原证件作为考试报名申请材料之一存入档案。

3.2.3 从业资格证件的撤销

道路运输从业人员有下列不具备安全条件情形之一的,由发证机关撤销其从业资格证件:

(1)身体健康状况不符合有关机动车驾驶和相关从业要求且没有主动申请注销从业资格的。

(2)发生重大以上交通事故,且负主要责任的。

(3)发现重大事故隐患,不立即采取消除措施,继续作业的。

被撤销的从业资格证件应当由发证机关公告作废并登记归档。

从业资格证件被撤销的,在处罚执行完毕之日起两年内不能申请相应范围的从业资格。

3.2.4 从业资格证件的增项

已获得从业资格证件的人员需要增加危险货物道路运输相关从业资格类别的,应当向原发证机关提出申请,并按照规定参加相应培训和考试。

3.3 主要负责人和安全生产管理人员安全考核

主要负责人和安全生产管理人员安全考核的依据为《中华人民共和国安全生产法》《道路危险货物运输管理规定》《道路运输从业人员管理规定》和《道路运输企业主要负责人和安全生产管理人员安全考核管理办法》(交运规〔2024〕8号)。

根据《中华人民共和国安全生产法》,生产经营单位的主要负责人是本单位安全生产第一责任人,对本单位的安全生产工作全面负责。生产经营单位的主要负责人和安全生产管理人员必须具备与本单位所从事的生产经营活动相应的安全生产知识和管理能力,且由主管的负有安全生产监督管理职责的部门对其安全生产知识和管理能力考核合格。

根据《道路运输企业主要负责人和安全生产管理人员安全考核管理办法》的要求,道路运输单位的主要负责人和安全生产管理人员的安全生产知识和管理能力考核应由交通运输主管部门负责。

3.3.1 考核申请

道路运输企业主要负责人*和安全生产管理人员*应当在从事道路运输安全生产相关工作6个月内参加安全考核,并在从事道路运输安全生产相关工作1年内考核合格。在道路运输领域有效注册的注册安全工程师*(即类别为"道路运输安全"),向属地安全考核主管部门报备后,视同安全考核合格,相关信息应当及时录入安全考核管理平台(http://dlaqgl.jtzyzg.org.cn)。

> **小贴士**
>
> (1)企业主要负责人是指对本单位日常生产经营活动和安全生产工作全面负责、有生产经营决策权的人员,包括企业法定代表人、实际控制人、实际负责人,以及分支机构的法定代表人、实际控制人、实际负责人。此外,根据《中华人民共和国安全生产法》的释义,生产经营单位的法定代表人和实际控制人同为安全生产的第一责任人。若企业法定代表人和实际控制人不一致,应分别取得安全考核合格证明。
>
> (2)根据《中华人民共和国安全生产法》和《中华人民共和国公司法》的规定,有限责任公司(包括国有独资公司)和股份有限公司的董事长是公司的法定代表人,经理负责"主持公司的生产经营管理工作"。因此,有限责任公司和股份有限公司的主要负责人包括公司董事长和经理(总经理、首席执行官或其他实际履行经理职责的企业负责人),两者均须取得主要负责人安全考核合格证明。当然,在实践中,尤其是一些特大集团公司的法定代表

人,往往与其子公司的法定代表人同为一人,他不负责子公司日常的生产经营活动和安全生产工作,通常是在异地。在这种情况下,真正全面组织、领导子公司生产经营活动和安全生产工作的决策人就不一定是集团董事长,而是总经理或者其他人。此外,总经理应取得主要负责人的安全考核合格证明。

(3)企业安全生产管理人员指企业专(兼)职安全生产管理人员和分管安全生产的负责人。部分企业设置安全总监等岗位,其职责主要是协助本单位主要负责人履行安全生产管理职责,属于专职安全生产分管负责人,应取得安全生产管理人员的安全考核合格证明。

(4)注册安全工程师职业资格证书的专业类别应为"道路运输安全"。其他类别【如煤矿安全、金属非金属矿山安全、化工安全、金属冶炼安全、建筑施工安全、其他安全(不包括消防安全)】的注册安全工程师职业资格证书不能视同安全考核合格。同时,取得注册安全工程师职业资格证书的人员应及时注册,且注册单位与危险货物道路运输企业一致。查询网站为 https://zwfw.mem.gov.cn/zwthlw/pages/hlwmh/yyfw/zcaqgcscx/index.html。

3.3.2 考核组织

(1)省级交通运输主管部门应当结合本地实际指导设区的市(州、盟)、省(自治区)直管县及县级市、新疆生产建设兵团各师交通运输主管部门具体组织实施本行政区域内道路运输企业主要负责人和安全生产管理人员安全考核有关工作。道路运输企业主要负责人和安全生产管理人员安全考核工作原则上每季度组织一批次。

(2)安全考核采用计算机或纸质试卷闭卷考核方式。

(3)采用计算机考核方式开展安全考核工作的,道路运输企业主要负责人和安全生产管理人员应当登录安全考核管理平台,录入考核申请资料,注册通过后按照属地交通运输主管部门规定的时间、地点完成安全考核工作。

(4)采取纸质试卷形式开展安全考核工作的,道路运输企业主要负责人和安全生产管理人员应当按照属地安全考核主管部门或其委托机构的要求完成安全考核工作。安全考核结束后20个工作日内,属地安全考核主管部门或其委托机构应当将考核合格人员信息上传至安全考核管理平台。

3.3.3 考核合格证明

(1)安全考核题型为客观题,得分率不低于80%即为考核合格。

(2)考核合格后,相关人员可从安全考核管理平台上打印考核合格证明,安全考核管理平台将会自动生成考核合格证明二维码。考核合格证明在全国范围内有效,不得重复考核*。

(3)安全考核合格证明有效期为3年。

3.3.4 考核合格证明延期

(1)安全考核合格证明有效期到期前3个月内,相关人员应通过安全考核管理平台向属地安全考核主管部门提出延期申请。

(2)属地安全考核主管部门在受理之日起15个工作日内,对相关人员依法履行安全生产管理职责情况进行核实。

(3)核实发现相关人员不存在未履行法定安全生产管理职责导致本人或所属企业受到与安全生产直接相关的行政处罚或导致发生生产安全事故的,且完成安全生产再培训规定学时的,安全考核合格证明有效期应当予以延期3年。若存在未履行法定安全生产管理职责导致本人或所属企业受到与安全生产直接相关的行政处罚或导致发生生产安全事故的,原考核合格证明作废。按照有关规定接受处理后,可继续从事企业安全生产管理工作的,应当重新进行安全考核。

3.3.5 考核合格证明的注销、变更

主要负责人和安全生产管理人员安全考核合格且在有效期内的,因工作调动需要变更相关信息的,应当在15个工作日内通过安全考核管理平台,向属地安全考核主管部门申请办理调出注销或调入登记变更。申请人业务领域未发生变化的,属地安全考核主管部门应当在受理之日起15个工作日内办理完毕。

3.3.6 考核合格证明运用

(1)主要负责人和安全生产管理人员不得通过隐瞒有关情况、提供虚假材料或通过非法手段获取考核合格证明,不得转让、涂改、倒卖、出租、出借考核合格证明。

(2)对于未按照规定经考核合格的,属地交通运输主管部门或其他交通运输综合行政执法机构应依据《中华人民共和国安全生产法》及相关法律法规的要求,责令限期改正,并处相应的罚款,对于逾期未改正的,则需要责令停产停业整顿,并处相应的罚款。

3.4 危险货物道路运输驾驶人员诚信考核

危险货物道路运输驾驶人员诚信考核的依据为《道路运输从业人员管理规定》《道路运输驾驶员诚信考核办法》。

危险货物道路运输驾驶人员诚信考核制度是危险货物道路运输从业资格管理的重要内容。诚信考核是为了加强危险货物道路运输驾驶人员动态管理,推进驾驶人员诚信体系建设,对驾驶人员在危险货物道路运输活动中的安全生产、遵守法规和服务质量等情况进行的综合评价,是引导从业人员依法经营、诚实信用,提高驾驶人员竞争力,推进危险货物道路运输从业人员诚信体系建设的重要措施。交通运输主管部门应当采取有效措施保障考核工作落实到位[*]。

3.4.1 诚信考核内容

驾驶人员诚信考核内容主要包括以下内容。
(1)安全生产情况:安全生产责任事故情况。
(2)遵守法规情况:违反道路运输相关法律、法规、规章的有关情况。
(3)服务质量情况:服务质量事件和有责投诉的有关情况。
考核内容见《道路运输驾驶员诚信考核表》(附件3-3)。

3.4.2 诚信考核周期

驾驶人员诚信考核周期为12个月,满分为20分,从初次领取从业资格证件之日起计算。一个考核周期届满,经确定诚信考核等级后,该考核周期内的计分予以清除,不转入下一个考核周期。

3.4.3 诚信考核等级

驾驶人员诚信考核等级分为优良、合格、基本合格和不合格,分别用AAA级、AA级、A级和B级表示。等级划分采用计分制,分值越高相应的等级越低。
(1)具备以下条件的,诚信考核等级为AAA级:
①上一考核周期的诚信考核等级为AA级及以上;
②考核周期内累计计分分值为0分。
(2)具备以下条件的,诚信考核等级为AA级:
①未达到AAA级的考核条件;
②上一考核周期的诚信考核等级为A级及以上;
③考核周期内累计计分分值未达到10分。
(3)具备以下条件的,诚信考核等级为A级:
①未达到AA级的考核条件;
②考核周期内累计计分分值未达到20分。
(4)考核周期内累计计分有20分及以上记录的,诚信考核等级为B级。
(5)新取得道路运输从业资格证件或者初次参加诚信考核的道路运输驾驶人员,其诚信考核初始等级为A级。

3.4.4 诚信考核计分要求

根据驾驶人员违反诚信考核指标的情况,一次计分的分值分别为20分、10分、5分、3分、1分五种。对驾驶人员的道路运输违法行为,处罚与计分同时执行。一次有两个以上违法行为的,计分时应当分别计算,累加分值。驾驶人员同一违法行为同时符合两个以上计分情形的,按照较重情形予以计分。
(1)危险货物道路运输驾驶人员有下列情形之一的,一次计20分:

①从事道路运输经营活动,发生重大以上道路交通事故,且负同等责任的;
②转让、出租从业资格证件的;
③超越从业资格证件核定范围,从事道路运输活动的;
④驾驶未取得《道路运输证》的危险货物运输车辆,从事危险货物道路运输的;
⑤在危险货物运输过程中发生燃烧、爆炸、污染、中毒或者被盗、丢失、流散、泄漏等事故,未按照要求进行应急处置并报告的;
⑥本次诚信考核过程中发现其有弄虚作假、隐瞒相关诚信考核情况,且情节严重的。
(2)危险货物道路运输驾驶人员有下列情形之一的,一次计10分:
①从事道路运输经营活动,发生重大以上道路交通事故,且负次要责任的;
②从事道路运输经营活动,发生较大道路交通事故,且负同等及以上责任的;
③擅自涂改、伪造、变造从业资格证件上相关记录的;
④破坏卫星定位装置、视频监控装置以及恶意人为干扰、屏蔽卫星定位装置、视频监控装置的;
⑤有受到省级及以上交通运输主管部门通报批评的服务质量记录的。
(3)危险货物道路运输驾驶人员有下列情形之一的,一次计5分:
①从事道路运输经营活动,发生较大道路交通事故,且负次要责任的;
②超越《道路运输证》上注明的经营类别或者经营范围,从事道路运输经营活动的;
③驾驶擅自改装的车辆,从事道路运输经营活动的;
④驾驶的危险货物运输车辆未按照危险化学品的特性采取必要安全防护措施的;
⑤有受到设区的市级交通运输主管部门通报批评的服务质量记录的。
(4)危险货物道路运输驾驶人员有下列情形之一的,一次计3分:
①没有采取必要措施防止货物脱落、扬撒的;
②驾驶未按规定维护、检测车辆,从事道路运输经营活动的;
③驾驶未按规定投保承运人责任险的车辆,从事危险货物运输经营活动的;
④经营性危险货物道路运输驾驶人员连续驾驶时间超过4个小时,每次停车休息时间少于20分钟的;
⑤有受到县级交通运输主管部门通报批评、行业协会组织公告、有关媒体曝光并经核实的服务质量记录的;
⑥未按《道路运输从业人员管理规定》及本办法要求参加继续教育的。
(5)危险货物道路运输驾驶人员有下列情形之一的,一次计1分:
①未按照规定随车携带《危险货物道路运输安全卡》的;
②未按照规定随车携带危险货物运单的;
③通过12328交通运输服务监督热线受理以及12345等地方政务服务便民热线转办的投诉举报,经核实属实且有责的。

小贴士

(1)考核应当由交通运输主管部门组织实施,并将考核结果及时上传至信用信息系统。

(2)各地交通运输主管部门可参考《道路运输驾驶员诚信考核办法》,开展其他从业人员的诚信考核。

3.4.5 诚信考核流程

3.4.5.1 诚信考核计分

1)计分来源

(1)投诉渠道:通过12328交通运输服务监督热线受理以及12345等地方政务服务便民热线转办的投诉举报,经核实属实且有责的,存入道路运输驾驶人员诚信档案。不具备法律效力的证据或者正在处理的涉及驾驶人员违反道路运输法规的相关情况,不作为道路运输驾驶人员诚信考核的依据。

(2)交通运输行政执法综合管理信息系统推送的数据:省级交通运输主管部门应当建立道路运输驾驶人员信息共享机制,推动交通运输行政执法综合管理信息系统与政务系统业务协同,并依托交通运输部数据资源共享平台及时将本辖区查处的外省道路运输驾驶人员的违法行为和计分情况,共享至相应的省级交通运输主管部门。

2)从业资格证件上记载的信息

(1)交通运输主管部门在开展行政执法时,若发现从业人员存在违章行为,按照相关规定进行处罚,同时根据《道路运输驾驶员诚信考核办法》计分标准,及时将相关信息和计分分值录入道路运输从业人员诚信考核数据库中;对于本辖区查处的外省道路运输驾驶人员的违法行为和计分情况,可抄告原发证机关,也可依托交通运输部数据资源共享平台及时共享至相应的省级交通运输主管部门。

(2)交通运输主管部门接到投诉并查实的从业人员违规行为或收到外地抄告的从业人员违法信息,按照《道路运输从业人员诚信考核表》(附件3-3),将违章信息和计分分值录入道路运输从业人员诚信考核数据库中。

3.4.5.2 确定等级

道路运输驾驶人员诚信考核周期届满后20日内,设区的市级交通运输主管部门应当根据道路运输驾驶人员诚信考核计分情况及相关证明材料等确定诚信考核等级。

诚信考核周期内,发生较大以上道路交通事故尚未有责任认定结论的,交通运输主管部门应当待事故责任明确后,确定诚信考核等级。

根据确定的等级,在《道路运输从业资格证》"诚信考核记录"栏内标注诚信考核起止时间,签注诚信考核等级,加盖危险货物道路运输从业人员诚信考核专用印章。

3.4.6 继续教育*

对驾驶人员诚信考核等级为不合格的(B级)，应当在诚信考核等级确定后30日内，按照《道路运输从业人员管理规定》的要求，到道路运输企业或者从业资格培训机构接受不少于18个学时的道路运输法规、职业道德和安全知识的继续教育，完成规定的继续教育后，其诚信考核等级恢复为A级。

> **小贴士**
>
> 继续教育管理流程如下：
> (1)交通运输主管部门对从业人员下发《继续教育通知书》(附件3-4)，告知培训时间、培训内容和培训方式等。
> (2)从业人员持《继续教育通知书》(附件3-4)及《道路运输从业资格证》到培训机构或者道路运输企业接受培训，并由培训机构或者道路运输企业出具盖章的《继续教育培训证明》(附件3-5)，标注培训内容、培训学时(不少于18个学时)。
> (3)从业人员持《继续教育培训证明》(附件3-5)到交通运输主管部门办理诚信考核等级恢复手续。
> (4)交通运输主管部门审核并收存《继续教育培训证明》(附件3-5)，在从业人员从业资格证件的"继续教育记录"栏内标注"A级"，并将相关信息录入道路运输从业人员诚信考核数据库。

3.4.7 联合惩戒

对诚信考核等级为不合格(B级)的驾驶人员，应当纳入重点监管对象，提高监督检查频次。同时，若企业在一个年度内，所属取得从业资格证件的驾驶人员累计有20%以上诚信考核等级为B级的，交通运输主管部门应当向该企业下发整改通知书，并不得将该企业作为道路运输行业表彰评优的对象。

3.4.8 公示

设区的市级交通运输管理部门在门户网站上向社会公布危险货物道路运输从业人员年度诚信考核分值、等级以及下一次签注诚信考核等级的时间等相关信息和查询方式。

3.4.9 存档

设区的市级交通运输主管部门应当建立道路运输驾驶人员诚信档案，并及时将道路运输驾驶人员的相关信息和材料存入其诚信档案。档案主要内容包括：

(1)基本情况，包括驾驶人员的姓名、性别、身份证号、住址、联系电话、服务单位、初领驾驶证日期、准驾车型、从业资格证号、从业资格类别、从业资格证件领取时间和变更记录以及继续教育情况等。

(2)安全生产记录,包括有关部门抄告的以及交通运输主管部门掌握的责任事故的时间、地点、事故原因、事故经过、死伤人数、经济损失等事故概况以及责任认定和处理情况。

(3)遵守法规情况,包括本行政区域内查处的和本行政区域外共享或者抄告的道路运输驾驶人员违反道路运输相关法律法规的情况。

(4)服务质量记录,包括经交通运输主管部门通报、行业协会组织公告、有关媒体曝光并经核实的服务质量事件的时间、社会影响等情况,以及有责投诉的投诉人、投诉内容、责任人、受理机关及处理情况。

(5)道路运输驾驶人员历次诚信考核等级相关情况。

下篇
危险货物道路运输行业日常监管

概 述

危险货物道路运输行业日常监管是对取得相关经营许可后,从事危险货物道路运输的企业(单位)、车辆和从业人员遵守安全生产法律、法规、规章,执行安全生产行政命令等情况进行了解、调查和监督的行为。日常监管有利于规范运输经营行为,维护依法经营、诚实信用、公平竞争的运输市场秩序,防止和减少生产安全事故;有利于促进行业持续健康发展,节能减排,保护环境,为社会提供高效、安全、绿色、优质的危险货物道路运输服务。

日常监管的主要内容有营运车辆技术管理与动态监管,运输企业(单位)安全生产监督管理,运输企业(单位)依法经营与信用管理,以及行业统计与档案管理。

危险货物道路运输行业日常监管应当严格执行有关法律、行政法规、国家和行业标准等相关规定,遵循公平、公正、公开和便民的原则。

第4章　车辆技术管理与动态监管

车辆技术管理主要包括车辆及罐式车辆罐体检验检测、车辆达标核查、车辆年度审验和注销退出等环节。车辆动态监管主要是对危险货物道路运输企业(单位)卫星定位监控平台及车载卫星定位装置安装使用情况的监督管理,目的是保障车辆在运行过程中得到有效监控,确保危险货物道路运输安全。

4.1　车辆及罐式车辆罐体检验检测

车辆、罐式车辆罐体、移动式压力容器的检验检测依据为《中华人民共和国安全生产法》《中华人民共和国特种设备安全法》《中华人民共和国道路运输条例》《道路货物运输及站场管理规定》《危险货物道路运输安全管理办法》和《道路运输车辆技术管理规定》。

《中华人民共和国安全生产法》第三十七条规定,生产经营单位使用的危险物品的容器、运输工具,以及涉及人身安全、危险性较大的海洋石油开采特种设备和矿山井下特种设备,必须按照国家有关规定,由专业生产单位生产,并经具有专业资质的检验检测机构检验检测合格,取得安全使用证或者安全合格标志,方可投入使用。检验检测机构对检验检测结果负责。

危险货物道路运输车辆、罐式车辆罐体的监管重点是发现和纠正危险货物道路运输企业(单位)不按照规定对车辆、罐式车辆罐体进行检验检测,超期未检测和机动车检验检测机构提供虚假检测报告等问题[*]。

4.1.1　检验检测内容

定期检验检测主要包括四类:一是对危险货物道路运输车辆开展的机动车检验检测和技术等级评定,二是对液体危险货物罐式车辆常压罐体开展的检验检测,三是对罐式集装箱(常压)、可移动罐柜等开展的检验检测,四是对移动式压力容器[*]开展的检验检测。

其中,机动车检验检测和技术等级评定是对拟进入道路运输市场及已进入道路运输市场的危险货物道路运输车辆所进行的定期检测,以确保车辆技术性能符合《机动车安全技术检验项目和方法》(GB 38900)以及依法制定的保障运输车辆安全生产的国家标准或者行业标准要求,车辆技术等级符合一级标准,车辆的燃料消耗量限值符合依法制定的关于营运车辆燃料消耗限值标准的要求。

液体危险货物罐式车辆常压罐体的检验检测依据为《交通运输部　工业和信息化部　公安部　市场监管总局关于印发常压液体危险货物罐车治理工作方案的通知》(交运发

〔2021〕35号）、《道路运输液体危险货物罐式车辆 第1部分：金属常压罐体技术要求》（GB 18564.1）或《道路运输液体危险货物罐式车辆 第2部分：非金属常压罐体技术要求》（GB 18564.2）等标准。

移动式压力容器的检验检测依据为《中华人民共和国特种设备安全法》《移动式压力容器安全技术监察规程》（TSG R0005）和《压力容器定期检验规则》（TSG R7001）等。

小贴士

（1）运输危险货物的可移动罐柜、罐箱应当经具有专业资质的检验机构检验合格，取得检验合格证书，并取得相应的安全合格标志，按照规定用途使用。使用未经检验合格或者超出检验有效期的罐式车辆罐体、可移动罐柜、罐箱从事危险货物运输的，可依据《危险货物道路运输安全管理办法》第六十二条规定予以处罚。

（2）移动式压力容器是指罐体或者大容积钢质无缝气瓶与走行装置或者框架采用永久性连接组成的运输装备，包括铁路罐车、汽车罐车、长管拖车、罐式集装箱、管束式集装箱等。

4.1.2 检验检测周期

4.1.2.1 机动车检验检测周期

危险货物道路运输车辆应按规定周期进行定期检验检测*。

依据《道路运输车辆技术管理规定》，危险货物道路运输车辆应当每12个月进行1次检验检测和技术等级评定。

小贴士

（1）机动车检验检测机构在开展新罐式车辆检验检测时，对不符合国家安全标准或罐体不具有出厂检验证书的罐车，不得出具车辆检验检测合格证明。

（2）机动车检验检测机构在开展在用罐式车辆检验时，对不符合检验标准、罐体超过检验有效期，或不具有出厂检验证书、定期检验合格证书的罐式车辆，不得出具车辆检验检测合格证明。

4.1.2.2 常压罐体检验检测周期

根据《交通运输部 工业和信息化部 公安部 市场监管总局关于印发常压液体危险货物罐车治理工作方案的通知》（交运发〔2021〕35号），常压液体危险货物罐式车辆罐体的定期检验周期一般不超过两年，具体检验周期根据各地行业管理部门的要求实施。

4.1.2.3 移动式压力容器检验检测周期

移动式压力容器的定期检验是指移动式压力容器停运时由检验机构进行的检验和安全技术等级评定，其中汽车罐车和罐式集装箱的定期检验分为年度检验和全面检验。

危险货物道路运输企业应按照《移动式压力容器安全技术监察规程》(TSG R0005)和《压力容器定期检验规则》(TSG R7001)等要求,安排并落实定期检验计划。

根据《移动式压力容器安全技术监察规程》(TSG R0005)的要求,汽车罐车和罐式集装箱的定期检验周期如下:

(1)年度检验每年至少一次。

(2)首次全面检验应于投用后1年内进行。

(3)下次全面检验周期,由检验机构根据移动式压力容器的安全状况等级,按照全面检验周期要求确定。其中,汽车罐车和罐式集装箱的全面检验周期见表4-1。达到设计使用年限的罐体,其全面检验周期参照安全状况等级3级执行。

汽车罐车和罐式集装箱全面检验周期 表4-1

罐体安全状况等级	全面检验周期	
	汽车罐车	罐式集装箱
1级和2级	5年	5年
3级	3年	2.5年

长管拖车和管束式集装箱的定期检验周期见表4-2。对于已经达到设计使用年限的长管拖车和管束式集装箱的气瓶,如果要继续使用,充装A组中介质时,定期检验周期为3年,充装B组中介质时,定期检验周期为4年。

长管拖车和管束式集装箱定期检验周期(部分) 表4-2

介质组别①	充装介质	定期检验周期	
		首次定期检验	定期检验
A	天然气(煤层气)、氢气	3年	5年
B	氮气、氦气、氩气、氖气、空气		6年

注:①除B组介质、其他惰性气体和无腐蚀气体外,其他介质(如有毒、易燃、易爆、腐蚀等)均为A组。

4.1.3 检验检测机构

1)机动车检验检测机构

(1)机动车检验检测机构为取得市场监管部门资质认定证书、具备相应检验检测能力的机动车检验检测机构。

(2)危险货物道路运输车辆的检验检测和技术等级评定应当委托车籍所在地的机动车检验检测机构进行。

2)罐式车辆罐体和移动式压力容器检验检测机构

(1)常压液体危险货物罐式车辆罐体的检验检测机构应在《交通运输部办公厅关于转发具备常压液体危险货物罐车罐体检验资质的检验机构名单的通知》(交办运函〔2022〕1387号)公布的名单内。

(2)移动式压力容器的检验检测机构为具有相应移动式压力容器检验资质的检验机构。

根据《特种设备检验机构核准规则》(TSG Z7001—2021)，移动式压力容器检验检测机构的核准证上的核准项目代码应包含 RD4 或者 RD5。其中，RD4 代表定期检验：移动式压力容器（限长管拖车、管束式集装箱），RD5 代表定期检验：移动式压力容器（限汽车罐车、罐式集装箱和铁路罐车）*。

（1）根据《特种设备检验检测机构核准规则》(TSG Z7001—2004)，能够开展汽车罐车（低温、长管、罐式集装箱等）的特种设备检验检测机构，其核准项目代码为 RD7。[本标准已废止，由《特种设备检验机构核准规则》(TSG Z7001—2021)替代]

（2）为有效避免"背包检"等现象出现，危险货物道路运输企业应按照《交通运输部 工业和信息化部 公安部 市场监管总局关于印发常压液体危险货物罐车治理工作方案的通知》(交运发〔2021〕35号)的要求，选择在具有资质的常压罐体检验检测机构注明的固定检验场地内开展定期检查。对于未在其固定检验场所开展检验检测业务的机构，交通运输主管部门可及时通报给市场监督管理部门。

4.1.4 检验检测流程

（1）检验检测机构应当按照《机动车安全技术检验项目和方法》(GB 38900)实施检验检测，出具机动车检验检测报告，并根据《交通运输部办公厅关于优化道路运输车辆技术管理便利开展车辆技术等级评定工作的通知》(交办运〔2020〕67号)的要求，在报告中备注车辆技术等级，确认检验结论是否为"合格"，技术等级是否为一级。

（2）交通运输主管部门如果发现机动车检验检测机构有下列行为之一的，不予采信其出具的检验检测报告，并抄报同级市场监督管理部门处理：

①不按技术标准、规范对道路运输车辆进行检验检测的。

②未经检验检测出具道路运输车辆检验检测结果的。

③不如实出具道路运输车辆检验检测结果的。

（3）机动车检验检测机构未及时、准确、完整上传检验检测数据和检验检测报告的，交通运输主管部门可以将相关情况定期向社会公布。

（4）车籍所在地交通运输主管部门应当在《道路运输证》上标明车辆技术等级。使用电子证照的在相关系统中注明。

（5）交通运输主管部门在监督检查中发现危险货物道路运输企业（单位）未按照规定的周期和频次进行车辆检验检测的，应及时责令改正*。

（6）交通运输主管部门应将对道路运输车辆技术管理的监督检查和执法情况纳入道路运输企业（单位）质量信誉考核和信用管理。

4.1.5 车辆检测档案

机动车检验检测机构应当建立车辆检验检测档案,档案内容主要包括:车辆基本信息、机动车检验检测报告(含车辆技术等级)。

> **小贴士**
>
> 交通运输主管部门可通过信息化手段向运输企业(单位)宣传危险货物道路运输车辆检验检测和罐式车辆罐体检验检测的有关规定,提醒其按期对车辆、罐体进行检测。

4.2 道路运输达标车辆核查

道路运输达标车辆核查的依据为《中华人民共和国道路运输条例》《道路运输车辆技术管理规定》和《道路运输达标车辆核查工作规范》等。

4.2.1 核查流程

4.2.1.1 实施主体

县级以上交通运输主管部门负责本辖区内道路运输达标车辆的核查工作,也可采取政府购买服务的方式,委托取得市场监督管理部门颁发资质认定证书的机动车检验检测机构开展道路运输达标车辆核查工作。

4.2.1.2 核查流程及内容

(1)县级以上交通运输主管部门或受其委托开展道路运输达标车辆核查工作的机动车检验检测机构,对申请从事危险货物道路运输经营的车辆,依据《机动车出厂合格证》或《车辆一致性证书》上记载的车辆型号,在道路运输车辆技术服务网(http://atestsc.mot.gov.cn)进行查询检索。

(2)查询检索结果显示该车辆对应的车辆型号属于《道路运输车辆达标车型表》的,再对车辆的参数配置进行逐项核查,根据车辆类型据实填写对应的"道路运输达标车辆核查记录表"*。

(3)实车参数配置与道路运输车辆达标车型对应参数配置一致的,核查结论为符合;实车参数配置与道路运输车辆达标车型对应参数配置不一致的,核查结论为不符合,告知申请人不符合的项目内容。

(4)县级以上交通运输主管部门或受其委托开展道路运输达标车辆核查工作的机动车检验检测机构,对于已经取得合法手续的在用危险货物道路运输车辆,具有下列情形之一的,不需要对相关车辆参数配置进行达标核查:

①因所有权转移、转籍等依法办理手续变更,且办理时间未超过90日的。

②经营期延续的。

> **小贴士**
> 对于危险货物道路运输车辆需要核查"特定运输介质"栏中记载的信息。

4.2.2 结果运用

"道路运输达标车辆核查记录表"应分别保存至企业(单位)道路运输车辆技术管理档案和交通运输主管部门的车辆管理档案。

交通运输主管部门在配发危险货物道路运输车辆的《道路运输证》时,需要查验"道路运输达标车辆核查记录表",检查核查结论是否为"符合"。在签注经营范围时,还需要核对表中"特定运输介质"*栏中记载的信息。

> **小贴士**
>
> | *特定运输介质 | □易燃危险货物 | □剧毒化学品 | □温度控制危险货物 |
> | --- | --- | --- | --- |
>
> "道路运输达标车辆核查记录表"中"特定运输介质"栏主要包括:易燃危险货物、剧毒化学品、温度控制危险货物。若该栏信息标注为"不适用",则该车辆不能承运易燃危险货物、剧毒化学品和温度控制危险货物。若该栏信息标注为"易燃危险货物",则该车辆可以承运易燃危险货物,不可承运剧毒化学品和温度控制危险货物。此外,还可以根据《危险货物道路运输营运车辆安全技术条件》(JT/T 1285—2020),再核查车辆类型(FL、AT、CT、EXII、EXIII等),并按照车型的兼容性原则确定可以承运的危险货物范围。比如,若该车辆类型为FL型,则可以向下兼容AT型车辆。

4.2.3 核查监管

申请人如对道路运输车辆达标核查结果有异议申请复核的,交通运输主管部门应当及时受理。

交通运输主管部门应当加强对受其委托开展道路运输达标车辆核查工作的机动车检验检测机构的监督检查,指导机动车检验检测机构加强业务培训,掌握核查工作要求,依法依规开展实车核查工作。对存在弄虚作假的,应当及时终止委托工作。

4.3 车辆年度审验

车辆年度审验的依据为《中华人民共和国道路运输条例》《道路货物运输及站场管理规定》《道路危险货物运输管理规定》和《道路运输车辆技术管理规定》。

危险货物道路运输车辆年度审验旨在监督危险货物道路运输企业(单位)按有关要求加强运输车辆的技术管理,使其保持良好的技术状态。

4.3.1 审验内容

根据《道路危险货物运输管理规定》的要求,设区的市级交通运输主管部门应当定期对危险货物道路运输车辆进行审验,每年审验一次。

审验按照《道路运输车辆技术管理规定》进行,并增加以下审验项目:

(1)危险货物道路运输车辆投保危险货物承运人责任险情况。

(2)必需的应急处理器材、安全防护设施设备和专用车辆标志的配备情况(附件4-1)*。

(3)具有行驶记录功能的卫星定位装置的配备情况。

审验内容详见《危险货物道路运输车辆年度审验表》(附件4-2)。

> **小贴士**
>
> (1)按照《危险货物道路运输规则 第7部分:运输条件及作业要求》(JT/T 617.7—2018)的相关要求配备必需的应急处理器材、安全防护设施设备;
>
> (2)危险货物道路运输车辆标志应符合《道路危险货物运输车辆标志》(GB 13392—2023)的要求。

4.3.2 审验程序

1)提交资料

危险货物道路运输企业(单位)向所在地市级交通运输主管部门提交《危险货物道路运输车辆年度审验表》及所列项目的佐证资料*。市级交通运输主管部门可要求企业(单位)注册地的县级交通运输主管部门配合开展年审工作。

2)审验流程

(1)按《危险货物道路运输车辆年度审验表》所列项目进行审验。

(2)核查相关资料。如发现有不合格项目的,将年审资料返回车辆所属企业(单位),责其整改。

(3)对于经罐体检验机构检验合格,且罐检报告上标注准运介质的在用罐车,交通运输管理部门在年度审验时换发《道路运输证》,在"经营范围"栏标注类别和项别。其中,对于常压罐车在"备注"栏标注"适装介质见罐体检验证书",不再标注准运介质。

(4)审验资料存入车辆管理档案,作为运输企业(单位)质量信誉考核和信用管理依据之一。逾期不年审的,及时抄告相关企业,督促企业及时整改。

> **小贴士**
>
> (1)交通运输主管部门可根据道路运输管理政策的变化和管理的实际需要对年审内容进行调整和补充。
>
> (2)有条件的地区,可以通过信息化手段实施年度审验,以二维码代替年度审验专用章。

4.4 车辆动态监管

车辆动态监管的依据为《道路运输车辆动态监督管理办法》和《交通运输部关于印发〈全国重点营运车辆联网联控系统考核管理办法〉的通知》(交运发〔2016〕160号)等。

危险货物道路运输车辆动态监管主要是确保企业(单位)所使用的卫星定位系统平台和卫星定位装置符合《道路运输车辆卫星定位系统平台技术要求》(GB/T 35658)、《道路运输车辆卫星定位系统终端通信协议及数据格式》(JT/T 808)、《道路运输车辆卫星定位系统平台数据交换》(JT/T 809)、《道路运输车辆卫星定位系统车载终端技术要求》(JT/T 794)、《机动车运行安全技术条件》(GB 7258)和《汽车行驶记录仪》(GB/T 19056)等标准要求,促进企业(单位)切实履行动态监控主体责任,包括配置满足数量要求的专职动态监控人员,卫星定位装置安装使用规范,数据接入全国重点营运车辆联网联控系统,确保车辆实时在线可控;保障联网联控系统稳定可靠运行;重点解决企业和车辆不安装卫星定位系统和平台、专职监控人员数量不足且未培训合格上岗、监控人员不履行监控职责、人为破坏卫星定位装置、恶意人为干扰、屏蔽卫星定位装置信号、篡改卫星定位装置数据以及车辆运营期间平台无人值守等问题。

危险货物道路运输车辆动态监督管理应遵循企业监控、政府监管、联网联控的原则,建立政府部门层级管理到位、企业动态监控主体责任落实、服务商技术服务优质的监督管理体系,鼓励与公安、应急管理部门共享信息,实现联合监管。

4.4.1 动态监控考核

全国重点营运车辆联网联控系统各级平台的考核管理实行逐级监督考核制度。中国交通通信信息中心负责部级平台的运行、维护及省级监管平台考核指标的统计分析工作。地方各级交通运输主管部门负责组织辖区联网联控系统的考核管理工作,组织实施下级监管平台和接入的监控平台(包括道路运输企业监控平台、社会化监控平台)的考核管理,负责本级监管平台的运行和维护工作。

4.4.2 考核内容

联网联控系统各级平台考核管理主要依据《交通运输部关于印发〈全国重点营运车辆联网联控系统考核管理办法〉的通知》(交运发〔2016〕160号)。

考核内容包括《联网联控系统考核表(道路运输企业)》《联网联控系统考核表(交通运输主管部门)》和《联网联控系统考核表(平台服务商)》(附件4-3)。

(1)对交通运输主管部门的考核内容包括:平台连通率、跨域数据交换成功率(省级平台考核)、车辆入网率、车辆上线率、轨迹完整率、数据合格率。

(2)对危险货物道路运输企业(单位)的考核内容包括:车辆入网率、车辆上线率、轨迹完整率、数据合格率、卫星定位漂移车辆率、平均车辆超速次数、平均疲劳驾驶时长、平台查岗响应率。

(3)对平台服务商的考核内容包括：平台连通率、车辆上线率、轨迹完整率、数据合格率、卫星定位漂移车辆率。

4.4.3 考核周期

考核周期分为月度和年度。月度考核按自然月进行，年度考核周期为每年1月1日至12月31日，全年月度考核的平均值为年度考核评分。考核采取系统自动统计分析为主、现场情况勘查为辅的形式。

4.4.4 考核结果及公示

考核实行计分制，满分100分，60分为合格。
当危险货物道路运输企业(单位)、服务商有下列情形之一的，年度考核记为不合格：
(1)使用不符合标准规范要求的监控平台或车载终端的。
(2)伪造、篡改、删除车辆动态监控数据的。
(3)设置技术壁垒，阻碍车辆正常转网的。
(4)1年内累计3个月及以上考核不合格的。
(5)其他严重违反动态监控规章制度的。
考核结果应当公示，公示期为5个工作日。公示期内，被考核单位对考核结果有异议的，可向考核单位申诉，由考核单位进行核查；考核结果有误的，应及时更正。
省级交通运输主管部门对地市级交通运输主管部门的考核结果应予以通报，并抄送各地市交通运输主管部门。对危险货物道路运输企业(单位)、服务商的考核结果由负责其考核管理的交通运输主管部门予以公告。

4.4.5 考核结果应用

危险货物道路运输企业(单位)考核结果信息纳入企业(单位)质量信誉考核的内容[*]。考核不合格的危险货物道路运输企业(单位)纳入重点安全监管对象，依法责令整改。
对考核不合格的服务商，依法责令整改，整改期不少于考核期。整改期内，危险货物道路运输企业(单位)不得将其新增车辆接入考核不合格的服务商的监控平台(已接入平台的车辆除外)。
各地交通运输主管部门可以利用卫星定位装置，对营运驾驶人员安全行驶里程进行统计分析，开展安全行车驾驶人员竞赛活动。
交通运输主管部门在监督检查和考核时，若发现危险货物道路运输企业(单位)、服务商存在违法违规行为，应按照《道路运输车辆动态监督管理办法》的相关要求责令改正和行政处罚[*]。

> **小贴士**
> （1）危险货物道路运输企业（单位）是车辆动态监控责任主体。使用第三方动态监控机构对企业（单位）所属车辆和驾驶人员进行实时动态监控的，不改变危险货物道路运输企业（单位）的车辆动态监控主体责任。
> （2）交通运输主管部门可以通过全链条监管系统或者协同管理平台等途径将动态监控的违规数据定期抄送给其他负有相关安全生产监督管理职责的管理部门。

4.5　车辆智能视频监控报警系统

危险货物道路运输车辆安装智能视频监控报警系统的依据为《中共中央　国务院关于推进安全生产领域改革发展的意见》（中发〔2016〕32号）和《交通运输部办公厅关于推广应用智能视频监控报警技术的通知》（交办运〔2018〕115号）。

危险货物道路运输车辆安装的智能视频监控报警装置应符合《道路运输车辆智能视频监控报警装置技术规范（暂行）》的规定。各地制定道路运输车辆智能视频监控报警装置相应技术标准要求的，遵其规定。

4.5.1　监管要点

（1）监控运输企业（单位）是否制定了相应智能视频监控管理制度。

（2）监控运输企业（单位）智能视频监控报警平台监控人员是否到位。

（3）监控运输企业（单位）在智能视频监控报警平台上车辆接入总数与实际拥有车辆数是否一致。

（4）监控运输企业（单位）对平台上出现的车辆驾驶人员疲劳驾驶、分神驾驶、驾驶过程接打电话或抽烟等问题是否及时提醒、及时纠正、及时记录台账，事后是否及时对相关驾驶人员进行批评教育和处理。

4.5.2　监管要求

交通运输主管部门要督促企业（单位）定期和不定期进行本企业（单位）交通违规动态信息分析，发现和梳理本企业（单位）车辆和驾驶人员在行车过程中存在的突出性、规律性的不安全行为，查明原因并立即纠正，及时消除事故隐患。督促企业（单位）对问题集中、经常违规的驾驶人员进行约谈、教育、处罚、停岗，对屡教不改的要予以调整工作岗位或予以解聘。

分析和处理情况应记录在案。

4.6 车辆档案管理

车辆档案管理的依据为《道路运输车辆技术管理规定》和《道路运输企业车辆技术管理规范》(JT/T 1045)。

4.6.1 车辆技术档案

车辆技术档案是指车辆从新车购置到报废整个过程中,记载车辆基本情况、主要性能、运行使用和主要部件更换情况、检测和维修记录,以及事故处理等有关车辆资料的历史档案。车辆技术档案是车辆技术管理中一项重要且基础的管理工作。

运输企业(单位)应根据《道路运输车辆技术管理规定》的要求,建立车辆技术档案制度,实行一车一档。

运输企业(单位)建立的车辆技术档案应符合《道路运输车辆技术管理规定》的要求,内容主要包括:车辆基本信息、机动车检验检测报告(含车辆技术等级)、道路运输达标车辆核查记录表、车辆维护和修理(含《机动车维修竣工出厂合格证》)、车辆主要零部件更换、车辆变更、行驶里程、对车辆造成损伤的交通事故等记录。档案内容应当准确、翔实,样式可参考附件4-4。

4.6.2 车辆管理档案

交通运输主管部门应当依托政务系统建立车辆管理档案,及时更新档案内容,实现全国道路运输车辆管理档案信息共享。内容主要包括:车辆基本信息、道路运输达标车辆核查记录表、机动车检验检测报告(含车辆技术等级)和车辆变更等记录。

第5章 监督管理

强化危险货物道路运输行业的安全生产监督管理,指导和督促危险货物道路运输企业(单位)认真落实安全生产主体责任,有效预防和遏制安全生产重特大事故的发生,推动交通运输安全生产形势持续稳定好转,对于促进行业持续健康稳定发展有重要意义。各级交通运输主管部门应将危险货物道路运输安全作为安全生产监督管理的重中之重。

5.1 安全生产标准化建设

安全生产标准化建设的依据为《中华人民共和国安全生产法》《交通运输部关于加强交通运输安全生产标准化建设的指导意见》(交安监规〔2023〕1号)。

安全生产标准化坚持"企业为主、标准引领、依法监管、协同共治"的工作原则,是强化运输企业履行法定义务、落实标准规范和管理制度、保障正常生产经营秩序、建立安全生产长效机制的内在要求和有效途径,是交通运输管理部门不断强化安全生产监管服务、夯实安全生产基层基础、提高行业安全生产管理水平的重要措施和有力抓手。2021年9月,新修订的《中华人民共和国安全生产法》明确提出开展安全生产标准化建设是生产经营单位及其主要负责人履行安全生产主体责任的要求。

5.1.1 职责分工

加强安全生产标准化建设是危险货物道路运输企业(单位)及其主要负责人履行安全生产主体责任的要求之一。

各级交通运输主管部门在履行行业监督管理职责过程中,应将企业安全生产标准化建设情况纳入安全生产监督检查内容,采取"双随机、一公开"等方式开展监督检查。同时,应指导企业从规章制度、责任体系、基础保障、教育培训、双重预防机制、应急救援、安全文化等方面健全安全生产管理体系。

5.1.2 监管内容

依据《交通运输部关于加强交通运输安全生产标准化建设的指导意见》(交安监规〔2023〕1号),交通运输主管部门在开展安全生产标准化建设监督检查时,可以重点关注以下几个方面内容:

(1)企业主要负责人第一责任履职情况。包括是否组织制定并实施企业安全生产规章制度和操作规程,落实人力、物力、财力等组织保障措施;是否组织制定并实施从业人员安全生产教育和培训计划；是否建立并落实安全风险分级管控和隐患排查治理双重预防工作机制；是否加强企业安全生产工作督促、检查，及时消除生产安全事故隐患。

（2）全员安全生产责任制落实情况。包括是否依法依规健全全员安全生产责任制，明确从主要负责人到一线人员等各岗位的安全生产责任、范围和考核标准；是否加强岗位履职检查和监督考核，健全激励约束机制，保证全员安全生产责任制落实；是否突出一线班组、重点岗位，加强一线人员技能培训和安全教育；是否注重人文关怀，激发从业人员的责任感、认同感、归属感。

（3）安全生产管理系统化推进情况。包括是否从规章制度、责任体系、基础保障、教育培训、双重预防机制、应急救援、安全文化等方面建立健全企业安全生产管理体系；是否加强安全生产规章制度执行情况自查，按要求定期对制度的适用性、有效性及执行情况进行评估，及时修订完善相关规章制度。

（4）强化岗位操作行为规范化。包括是否严格执行安全生产相关法律法规、规章制度和标准规范，针对企业各岗位、设备和生产作业环节，制定安全生产操作规程；是否加强高风险作业首件工程、首次操作、首趟运行等安全风险评估，强化风险隐患预防预控；是否督促从业人员严格执行安全生产操作规程，及时纠正和避免习惯性违章作业。

（5）保障设备设施本质安全化。包括是否依法依规开展设备设施的建设、验收、运行、维修、检验和拆除、报废工作；是否加强设备设施规范化管理，建立健全管理台账，落实专人负责管理；是否加强经常性维护和定期检测，保证正常运转，并做好记录和签字；是否针对高风险设备和特种设备建立专项安全管理制度，确保其始终处于安全可靠的运行状态。

（6）实施作业环境器具定制化。包括是否配备必要的安全防护用品（具），保障职工合法权益；是否按照有关要求对设施设备、工属具、材料等进行科学规划和合理布局，确保生产环境安全可靠，生产作业组织科学高效，工具物品存放取用规范有序。

（7）做到安全生产检查常态化。包括是否根据法律法规和标准规范要求，对企业安全生产状况进行经常性检查，充分发挥一线职工安全隐患排查治理作用，堵塞安全漏洞；是否加强企业安全生产标准化建设情况与标准规范要求的符合性检查，并依法依规进行报告和处理，相关情况应当记录在案；是否将涉及事故隐患排查治理情况的记录及处理情况依法向企业职工通报，接受职工监督。其中，重大事故隐患排查治理情况，要依法及时向属地行业监管部门和职工大会或职工代表大会报告。

5.1.3 监管工作流程

交通运输管理部门应将企业安全生产标准化建设情况作为安全生产监督检查内容之一，采取"双随机、一公开"等方式开展监督检查，对问题突出的纳入重点监管，督促其整改落实，对未依法履职的企业负责人依法依规查处。

各地交通运输主管部门可结合《企业安全生产标准化基本规范》(GB/T 33000)、《交通运输企业安全生产标准化建设基本规范》(JT/T 1180)以及地方标准或者指南等文件，分类指导企业开展安全生产标准化建设。

5.2 双重预防机制建设

双重预防机制建设(安全生产风险分级管控与隐患排查治理双重预防机制建设)的监管依据为《中华人民共和国安全生产法》《关于实施遏制重特大事故工作指南构建安全风险分级管控和隐患排查治理双重预防机制的意见》等。

构建双重预防机制是贯彻落实中共中央、国务院关于推进安全生产领域改革发展的重要要求，是转变安全生产管理方式、提高安全生产管理水平的重要途径，是有效防范和遏制安全生产重特大事故的重要举措。2021年9月，新修订的《中华人民共和国安全生产法》明确提出开展双重预防机制建设是生产经营单位及其主要负责人履行安全生产主体责任的要求。

5.2.1 监督检查要求

交通运输主管部门应积极履行行业安全生产监督管理和指导的职责，将生产经营单位的双重预防机制建设情况纳入安全生产监督检查计划中，实施监督检查，并结合检查结果实施差异性、针对性监管。

(1)加大对重点领域、重点时段、重点单位、重大风险和重大事故隐患的监管力度，通过交叉检查、联合执法、预警、通报约谈、挂牌督办、行政处罚、联合惩戒、停产整顿等多种方式，压实生产经营单位安全生产主体责任。

(2)建立健全安全风险研判机制，充分利用智能化、信息化、大数据等手段，加强安全生产形势研判，及时发现潜在重大风险和系统性、区域性、倾向性和苗头性问题，提出应对方案和具体措施。涉及地方人民政府相关部门和其他负有安全生产监督管理职责的部门管理职责的，要充分运用各级政府安全委员会、协同监管机制和常态化工作协调机制等加强沟通协调。

5.2.2 监督检查内容

危险货物道路运输企业双重预防机制建设监督检查内容可参见附件5-1。对于重大风险的判断则参见《交通运输部关于深化防范化解安全生产重大风险工作的意见》(交安监发〔2021〕2号)。对于重大事故隐患的判断则参见《道路运输企业和城市客运企业安全生产重大事故隐患判定标准(试行)》(交办运〔2023〕52号)和表5-1，各地根据更新情况及时调整。

危险货物道路运输企业重大事故隐患类别　　　　表5-1

序号	重大事故隐患类别
1	未取得经营许可或未按规定进行备案从事经营活动，或超出许可(备案)事项和有效期经营的
2	使用报废、擅自改装、拼装、检验检测不合格(含未在有效期内)以及其他不符合国家规定的车辆装备、设施设备等从事经营活动的

续上表

序号	重大事故隐患类别
3	所属经营性驾驶人员和车辆存在长期"三超一疲劳"(超速、超员、超载、疲劳驾驶)且运输过程中未及时提醒纠正,运输行为结束后一个月内未严肃处理,或所属经营性驾驶员存在一次计10分及以上诚信考核计分情形且未严肃处理仍继续安排上岗作业的
4	经营地或运营线路途经地已发布台风橙色及以上预警、暴雨、暴雪、冰雹、大雾、沙尘暴、大风、道路结冰红色预警,或地质灾害气象风险红色预警等不具备安全通行条件时,未执行政府部门停运指令或企业应急预案要求仍擅自安排运输作业的
5	运输危险货物过程中包装容器损坏、泄漏的
6	所属常压液体罐车罐体运输介质超出适装介质范围,或超过核定载质量载运危险货物的
7	所属危险货物运输车辆未按规定采取相关安全防护措施的
8	所属运输剧毒化学品、爆炸品的专用车辆及罐式专用车辆(含罐式挂车)在消除危险货物的危害前,到不具备危货车辆维修条件的维修企业进行维修的
9	按法律法规和规章规定,其他应当判定为重大事故隐患的

5.2.3 重大风险和重大事故隐患监督要求

交通运输主管部门应建立完善重大风险清单,以及重大风险、重大事故隐患监管档案,加强对重大风险管控情况和重大事故隐患治理情况的监督检查*。

重大风险管控情况检查重点包括:

(1)重大风险管理制度、岗位责任制建设情况。

(2)重大风险登记、监测管控等落实情况。

(3)重大风险应急措施和应急演练情况。

重大事故隐患治理情况检查重点包括:

(1)贯彻落实管理部门关于隐患治理工作部署和要求的情况。

(2)重大事故隐患治理责任体系、岗位制度、工作程序、档案台账等建立、执行情况。

(3)重大事故隐患报备及统计分析情况。

(4)重大事故隐患整改措施落实情况。

(5)重大事故隐患告知和警示教育、责任追究情况。

交通运输主管部门在监督执法中发现生产经营单位存在下列行为之一的,应按照《中华人民共和国安全生产法》的相关规定,采取责令限期改正、行政处罚、停产停业整顿等措施进行处理:

(1)未建立安全风险分级管控制度或者未按照安全风险分级采取相应管控措施的。

(2)未建立隐患排查治理制度,或者重大事故隐患排查治理情况未按照规定报告的。

(3)未将隐患排查治理情况如实记录或未向从业人员通报的。

(4)未采取措施消除隐患的。

> **小贴士**
> （1）交通运输管理人员应熟知危险货物运输行业存在的各种隐患情形,在对运输企业实施隐患排查监管时,能够指导企业全面排查、不留死角,杜绝对事故隐患视而不见的情况发生。
> （2）对行业的重大事故隐患应建立清单,做到心中有数;适时开展重大隐患整改检查,建立审核把关销号机制,加大专业指导力度,确保重大隐患闭环整改到位。

5.3　安全生产专项整治

危险货物道路运输行业安全生产专项整治是有效解决行业安全生产突出问题的重要途径。交通运输主管部门应当根据行业安全生产实际情况适时开展安全生产专项整治工作,采取有效措施,强化安全管理,遏制重特大事故。

5.3.1　整治内容

安全生产专项整治的内容包括危险货物道路运输行业重点部位、薄弱环节和安全生产突出问题。

5.3.2　整治工作流程

(1)制订工作方案。明确指导思想、整治目标、组织领导机构、整治重点、实施步骤、时间进度、工作要求等内容。

(2)组织宣传动员。召开专题会议,部署整治工作,并在媒体进行相关宣传报道,动员有关单位和企业积极参与专项整治工作。

(3)自查自纠。督促有关单位全面开展自查自纠工作,及时治理、纠正薄弱环节和安全生产突出问题。

(4)督导检查。在整治过程中,交通运输主管部门(可联合相关部门)以全面检查和重点抽查的方式,对有关单位和企业进行检查督导,及时发现和纠正工作不深入、整治不彻底等问题。

(5)惩处违规行为。检查中发现企业有严重违规行为的,下发整改通知书,责令其整改,并按照相关规定进行处罚。

(6)总结报告。专项整治活动结束后,对整治工作情况进行全面总结,研究安全生产规律,建立安全管理长效机制,并将总结情况报上级主管部门。

5.4　特殊时段安全生产监管

特殊时段主要包括三大类:
(1)重要节假日(含元旦、春运、暑运、"五一""十一"、清明、端午、中秋等)时段,交通运输

车流、人流密集,安全生产事故高发;

(2)重大活动期间,如两会等重要会议、奥运会等重要活动,如发生安全生产事故社会影响恶劣;

(3)恶劣气候及自然灾害高发期,如暴雨、洪水、汛期、大风、泥石流、冰雪、浓雾等。

在特殊时段对危险货物道路运输行业加强监管,对预防和减少危险货物道路运输事故、保障人民群众生命财产安全具有积极的作用。

5.4.1 监管内容

主要监督内容包括但不局限于:
(1)督促企业在恶劣天气或地质灾害等不具备安全通行条件时,坚决予以停运、停止作业。
(2)督促企业在特殊时段来临前开展隐患排查,采取必要措施,及时消除隐患。
(3)督促企业加强对驾驶人员的安全警示教育培训和车辆动态监控。
(4)督促企业备齐应急物资,确认应急车辆和人员处于良好可用状态。
(5)督促企业加强值班和信息处置和上报工作,及时处置安全生产突发事件,并按照要求做好事故、险情及相关处置信息的统计和上报。
(6)督促企业遵守特殊时段的危险货物道路运输车辆禁行、限行等规定。

5.4.2 监管工作流程

(1)制订工作方案。建立健全特殊时段安全生产预警和防控措施落实机制,及时制订工作方案,明确组织领导、工作重点、内容、职责分工和工作要求,部署各项安全防控措施。
(2)开展宣传动员。召开特殊时段安全生产工作会议,动员、部署安全生产工作。
(3)提前预警研判。建立完善恶劣天气、地质灾害预警信息通报协调机制,加强与气象、国土资源、公安等部门的沟通协调,通过多种媒介及时通报,提前预警。
(4)组织安全检查。由各级交通运输主管部门,也可联合应急、公安交通管理等相关部门组成联合检查组,深入重点点位和区域,按照特殊时段安全监管事项监督检查,发现问题及时责令其整改。
(5)加强值班值守。建立24小时值班制度,确定领导带班、专人值班,公布值班电话,及时处置各种突发事件和问题。
(6)总结上报情况。严格做好有关信息处置和上报工作,特殊时段发生的事故、险情及相关处置信息应及时进行统计并按要求上报。

5.5 安全生产月活动

全国安全生产月活动是经国务院批准,每年6月由国务院安委会办公室主办、全国各行各业参与的一项全国性安全生产宣传教育活动,其主要活动内容是深入宣传落实党和国家关于加强安全生产工作重大决策部署和法律法规,普及安全知识、强化安全意识、弘扬安全

文化、提升安全素质、营造安全氛围。每年安全生产月的主题均不同。

5.5.1 活动内容

安全生产月的活动内容主要依据国务院安委办、应急管理部和交通运输部发布的"安全生产月"活动通知和方案,由活动组织单位在此基础上依据本地区道路运输安全生产的形势确定。一般包括:

(1)学习贯彻习近平总书记关于安全生产重要论述。
(2)学习贯彻国务院、交通运输部及省市政府部门等关于安全生产重要论述。
(3)围绕不同主题和对象开展多种形式的安全生产警示教育、宣传和培训。
(4)强化生产经营单位安全生产主体责任。
(5)强化交通运输主管部门的安全生产监督职责和行政执法。
(6)建立健全安全生产管理队伍。
(7)完善安全生产管理规范和制度。
(8)组织开展安全生产竞赛活动。
(9)组织开展隐患排查和治理活动。
(10)强化重点领域和重点部位监管。
(11)严格安全生产考核和责任追究。
(12)根据需要确定的其他相关内容。

5.5.2 活动工作流程

(1)制订工作方案。明确指导思想、活动内容、活动形式、组织领导、实施步骤、工作措施、工作要求等。
(2)组织动员部署。召开专题会议,进行宣传动员,宣布活动方案并作具体部署。
(3)开展宣传报道。宣传有关政策,宣扬典型经验,剖析典型案例,增强行业安全意识。
(4)进行督查督导。组织若干小组,深入运输企业和基层交通运输主管部门督查活动开展情况,及时解决活动中存在的问题,指导活动有效开展。
(5)惩处违规行为。在活动中发现运输企业有严重违规行为的,下达整改通知书,责令其限期整改,并按照相关规定进行行政处罚。
(6)报送活动信息。确定信息报送渠道、报送方式、报送时间,并定期汇总通报。
(7)总结活动经验。活动结束后,及时总结上报活动开展情况,推广典型经验,建立长效机制,巩固活动成果。

5.6 安全生产重点监管名单管理

安全生产重点监管名单管理的依据为《交通运输安全生产重点监管名单管理规定》(交安监函〔2013〕643号)、《交通运输部关于加强和规范事中事后监管的指导意见》(交法发〔2020〕

79号)。各地市可以结合辖区内安全生产现状和特点,确定安全生产重点监管领域和名单。

为加强交通运输安全生产监督管理,督促和警示危险货物道路运输企业(单位)和相关人员全面履行安全生产责任,强化社会监督,交通运输主管部门应结合辖区内安全生产现状及运输企业实际情况,向社会公布危险货物道路运输企业、车辆、从业人员安全生产重点监管名单,强化监管*。常见可以列入安全生产重点监管名单的情形参见附件5-3。

5.6.1 列入安全生产重点监管名单程序

主要程序包括:

(1)对获取的违反安全生产法律法规信息进行审核。

(2)拟定安全生产重点监管名单。

(3)书面告知当事人违法违规事实、作出决定的事由和依据、相关惩戒措施提示、当事人依法享有的权利等,听取其陈述和申辩。

(4)经审核违规情形属实的,核准后列入安全生产重点监管名单。

(5)将安全生产重点监管名单通知送达当事人,并向社会公布。

5.6.2 移出安全生产重点监管名单程序

主要程序包括:

(1)有效期届满且未再发生可以列入安全生产重点监管名单情形的行为。

(2)当事人完成安全生产隐患或管理缺陷整改工作,可提前申请移出安全生产重点监管名单。

(3)交通运输主管部门对整改结果检查合格后,经审核同意后将其从安全生产重点监管名单中移出。

5.6.3 安全生产重点监管名单公布内容*

(1)对列入安全生产重点监管名单的企业公布企业的名称、营业地址、法定代表人、列入安全生产重点监管名单事由等信息。

(2)对列入安全生产重点监管名单的驾驶人员公布驾驶人员的姓名、从业资格证书号码、列入安全生产重点监管名单事由等信息。

(3)对列入安全生产重点监管名单的车辆公布车牌号码、业户或所属企业、车籍所在地、列入安全生产重点监管名单事由等信息。

> **小贴士**
>
> (1)实施安全生产重点监管名单要依法依规,做到事实清楚、依据准确。
>
> (2)安全生产重点监管名单可通过相关途径向社会公布。
>
> (3)各级交通运输主管部门可以联合其他负有安全生产监督管理职责的部门共同制定辖区内的跨部门联合重点监管名单。

5.6.4 安全生产重点监管内容和措施

责令列入安全生产重点监管名单的当事人在规定期限内整改。整改期间,企业不得增加经营范围和扩大经营规模,交通运输主管部门应加强监督、跟踪指导,确保消除重大安全生产隐患。

重点监管内容和措施如下:

(1)对企业,可以采取责令其定期报告安全生产情况、提高抽查比例、增加检查频次、安全生产约谈、挂牌督办、降低企业信用评价等级、加强现场检查等与风险相匹配的安全管理措施。

(2)对驾驶人员,进行安全生产教育培训,可以按照有关法律法规的规定,直接或责令有关部门采取暂扣、吊销从业资格证件、职业禁入等行政措施并实施行政处罚。

(3)对不符合安全生产要求的,按照有关法律法规,可以采取责令其停业整顿等行政措施并实施行政处罚。

(4)对不符合安全生产相关标准规范的车辆,按照有关法律法规,可以采取暂停车辆营运、暂扣车辆道路运输证等措施。

(5)被列入安全生产重点监管名单的企业、驾驶人员和车辆,取消当年安全生产各项评比资格。

(6)可依托政务系统实施安全生产重点监管名单管理,使列入安全生产重点监管名单的运输企业的运输车辆和从业人员的相关信息数据自动与其他管理业务相关联,在移出安全生产重点监管名单前,使其受到相应的制约,以督促其尽早完成整改。

5.7 安全生产警示约谈和挂牌督办

安全生产警示约谈和挂牌督办的依据为《国务院安全生产委员会关于印发安全生产约谈实施办法(试行)的通知》(安委〔2018〕2号)、《重大事故查处挂牌督办办法》(安委〔2010〕6号)和《交通运输安全生产警示约谈和挂牌督办办法》(交安监规〔2023〕6号)以及各省(直辖市、自治区)制定的相关警示约谈和挂牌督办办法。

安全生产警示约谈和挂牌督办是促进危险货物道路运输安全生产工作,落实企业和相关交通运输主管部门责任,防范安全生产风险,排查安全生产隐患,遏制重特大生产安全事故的重要手段,交通运输主管部门应根据行业实际情况实施安全生产警示约谈和挂牌督办工作。其中:

(1)警示是指交通运输主管部门就交通运输安全生产有关问题,向行业发出提醒告诫。

(2)约谈是指交通运输主管部门对交通运输安全生产管理不力的下级交通运输主管部门有关负责人或交通运输生产经营单位主要负责人,进行安全生产督促整改谈话。

(3)挂牌督办是指交通运输主管部门督促下级交通运输主管部门或交通运输生产经营单位履行安全生产职责,对存在的安全生产风险或隐患进行管控或整改。

5.7.1 警示事项

警示内容应包括基本情况、存在问题、有关工作要求等。

有下列情形之一的,由省级及以下交通运输主管部门实施警示:

(1)发生较大事故,或发生一般事故造成较大社会影响的。

(2)发生涉及10人及以上险情或突发事件的。

(3)连续发生事故,安全生产形势严峻的。

(4)其他需要警示的情形。

有下列情形之一的,由交通运输部实施警示:

(1)发生重大及以上事故的。

(2)发生性质严重、影响恶劣的较大事故,重大险情或突发事件的。

(3)经研判安全生产苗头性、趋势性问题突出,行业或领域安全生产形势趋于严峻的。

(4)其他需要警示的情形。

5.7.2 约谈事项

有下列情形之一的,由省级及以下交通运输主管部门对下级交通运输主管部门有关负责人或交通运输生产经营单位主要负责人实施约谈:

(1)落实安全生产工作重大决策部署和监管措施不力造成严重影响或后果的。

(2)发生较大及以上事故、险情或突发事件造成较大社会影响的。

(3)安全监管责任不落实、不到位,导致安全风险分级管控不力、重大隐患排查整治不到位的。

(4)生产安全事故调查报告提出的防范和整改措施或挂牌督办的事项,未按要求完成整改的。

(5)发生生产安全事故,存在谎报、瞒报、迟报、漏报且造成严重后果的。

(6)其他需要约谈的情形。

有下列情形之一的,由交通运输部对省级交通运输主管部门有关负责人或交通运输行业中央企业有关负责人实施约谈:

(1)未贯彻落实党中央、国务院安全生产有关决策部署,或贯彻落实不到位造成严重影响或后果的。

(2)发生重大及以上事故,或6个月内在管辖范围内发生较大及以上事故累计死亡人数超过30人的。

(3)发生性质严重、影响恶劣的生产安全事故、重大险情或突发事件,或谎报、瞒报生产安全事故造成重大社会影响的。

(4)部督办的重大事故隐患,未按要求完成整改的。

(5)交通运输相关领域事故多发频发,事故隐患排查整治不力,安全生产总体形势严峻的。

(6)其他需要约谈的情形。

5.7.3 督办事项

有下列情形之一的,由省级及以下交通运输主管部门对下级交通运输主管部门或交通运输生产经营单位实施挂牌督办:

(1)存在重大事故隐患,需重点督促进行整改的。

(2)行业安全生产监管责任不落实或交通运输生产经营单位安全生产主体责任不落实,需重点督促进行整改的。

(3)生产安全事故整改评估中发现整改和防范措施落实不到位的。

(4)行业安全监管职责不明确或安全生产监管体制不健全,导致安全监管责任不清、相互推诿的。

(5)其他需要挂牌督办的情形。

有下列情形之一的,由交通运输部对省级交通运输主管部门或交通运输行业中央企业实施挂牌督办:

(1)党中央、国务院交办,需由交通运输部牵头督办整改的。

(2)发生重大及以上事故,需由交通运输部督促进行整改的。

(3)安全监管和安全管理存在突出问题,需由交通运输部督促进行整改的。

(4)对交通运输部安全生产检查发现的问题未按要求整改或整改工作不力的。

(5)其他需要挂牌督办的情形。

5.7.4 约谈流程

(1)交通运输主管部门应当书面通知被约谈单位,告知约谈事项、约谈时间、约谈地点和约谈要求。

(2)被约谈单位收到约谈通知后,应当准备书面约谈材料,包括基本情况、原因分析、教训汲取、整改措施等内容。

(3)进行约谈。约谈工作由约谈单位有关负责人或其授权人主持,约谈程序包括:

①约谈单位说明约谈事由和目的,通报存在的问题;

②被约谈单位就约谈事项进行陈述说明,提出整改措施和工作计划等;

③约谈单位问询有关问题;

④约谈单位提出整改要求。

(4)约谈工作应当形成约谈纪要,经约谈单位有关负责人批准后印发给被约谈单位。被约谈单位为交通运输生产经营单位的,必要时可将约谈纪要抄送被约谈单位的相关管理部门。

(5)被约谈单位应按照约谈纪要的要求完成问题整改,并将整改情况书面报约谈单位。

(6)约谈单位应了解被约谈单位整改进展情况,适时开展跟踪督导。

(7)约谈记录和被约谈单位上报的材料等资料立卷存档。

5.7.5 挂牌督办流程

(1)挂牌督办单位应以书面形式告知被挂牌督办单位,通知应包括督办事项、督办内容、整改要求、办理期限等内容。

(2)被挂牌督办单位应及时制订和完善整改方案,收到督办通知起30日内报挂牌督办单位,并组织实施,接受挂牌督办单位的跟踪督导。整改方案应包括目标和任务,责任部门和责任人,风险防控和隐患排查治理工作计划、整改措施、时间安排、应急预案和保障措施等内容。

(3)挂牌督办单位应掌握整改落实进展情况,适时开展跟踪督导。

(4)被挂牌督办单位按照要求完成整改后,应将整改情况进行公示,公示应不少于5个工作日。公示无异议的,经单位主要负责人审批后,将整改情况报挂牌督办单位,提出核销申请。交通运输生产经营单位涉及事故隐患排查治理情况应当向企业职工通报,接受职工监督。

(5)挂牌督办单位收到核销申请后,应对督办事项的整改情况进行核实,提出核销意见。同意核销的,下发通知予以核销;不同意核销的,应说明理由,并责令继续整改。

(6)被挂牌督办单位未在规定时限内完成整改的,应当说明原因,制定安全生产防范措施或应急预案,并报挂牌督办单位。

(7)挂牌督办单位在跟踪督导或安全生产检查中,发现被挂牌督办单位未按要求整改或整改不力的,应依法依规予以处理或通报相关主管部门。

第6章　依法经营与信用管理

依法经营与运输企业信用管理是维护危险货物道路运输行业良好秩序、增强行业整体素质、提高行业服务质量、树立行业良好形象的一项重要工作。交通运输主管部门应当通过各项措施强化危险货物道路运输企业依法经营与信用管理，促进行业持续健康稳定发展。

6.1　入户检查

入户检查的依据为《中华人民共和国安全生产法》《生产安全事故应急条例》《危险化学品安全管理条例》《道路危险货物运输管理规定》《放射性物品道路运输管理规定》《道路货物运输及站场管理规定》《危险货物道路运输安全管理办法》《道路运输车辆动态监督管理办法》《道路运输车辆技术管理规定》《生产安全事故应急预案管理办法》《交通运输行政执法程序规定》《道路运输企业监督检查规范》等。

6.1.1　组织实施

入户检查是各级交通运输主管部门履行行业安全生产监督管理职责，组织开展的监督检查。可由交通运输主管部门单独实施，也可根据需要，由交通运输主管部门联合应急管理、公安、市场监管、工业和信息化、行政审批等相关部门共同实施。

各级交通运输主管部门按照职责负责本行政区域内危险货物道路运输行业监督管理工作。

6.1.2　检查内容

监管部门应依据行政权力事项清单、交通运输综合行政执法事项指导目录等相关内容，结合法律、法规、规章和部门工作职责，梳理制定本部门的安全生产监督检查清单。清单内容可参见《危险货物道路运输企业安全生产行政检查记录表》（附件6-1）。

6.1.3　检查对象名录库和执法检查人员名录库

监管部门应建立健全与检查事项相对应的检查对象名录库和执法检查人员名录库（统称"两库"），并根据监管对象更新情况和检查人员变动情况，及时调整"两库"信息。位列检查人员名录库中的工作人员应包括所有具有交通运输行政执法资格的工作人员，并按照执法资质、业务专长及监管实际需求等分类标注，以提高抽查检查的专业性。可以根据需要吸收检测机构、科研院所、行业协会、专家学者等参与，建立技术专家名录库，为安全生产监督检查工作提供技术支持。

6.1.4 检查计划

监管部门应结合辖区内危险货物道路运输企业的安全生产基本情况、季节性因素、年度工作重点、执法力量、技术装备、经费保障等实际情况,制定年度安全生产监督检查计划,并根据工作需求适时调整完善,明确检查时间、检查对象、检查内容等。年度安全生产监督检查计划应向社会公示。此外,监管部门可以根据上级主管部门要求或者重特大事故教训开展检查计划之外的监督检查。在制定年度安全生产监督检查计划时,应科学确定发起部门、参与部门和联合部门,实现"进一次门、查多项事"。

监管部门应结合辖区内危险货物道路运输企业的经营规模、经营范围和主要承运货物类别、信用状况,以及上一年度安全生产监督检查结果、事故发生情况、动态监控和其他相关部门抄告信息等,对辖区内危险货物道路运输企业采取差异化分类监管措施。

对存在重大事故隐患以及发生一般及以上负有同等责任及以上安全生产亡人事故、违法违规及违章次数多、联网联控等信息化系统违法违规报警次数多、收到相关举报、信用等级为最低等级(或质量信誉考核等级为最低等级)、存在严重失信行为等安全风险高的企业,应纳入重点监管企业名单。重点监管企业名单应按照要求进行公示,接受社会监督。

6.1.5 检查频次

对危险货物道路运输企业,每年应至少开展1次综合安全生产监督检查,可将综合安全生产监督检查内容分次完成。对6.1.4所列的重点监管企业,应适当增加检查频次*。多部门联合安全生产监督检查可纳入被检查对象的检查频次统计*。监管部门也可聘请第三方专业机构或者技术专家为安全生产监督检查工作提供技术支持,但不改变监管部门的安全生产监督管理责任。

小贴士

(1)上级行业监管部门应当按照监管职责分工,定期对属地行业监管部门的安全生产监督检查活动进行督导。督导工作可以结合属地行业监管部门的安全生产监督检查结果来开展,并视情对辖区内重点监管企业和常规监管企业分别安排不同频次和覆盖率的抽查,加大对重点监管企业的抽查比例。

(2)针对同一检查对象的多个检查事项,各相关部门应尽可能合并检查或者纳入联合"双随机"抽查范围,以减轻企业负担,防止执法扰民。

6.1.6 检查要求及方式

检查采用资料审查、座谈与询问、查看与查证等方法。

(1)资料审查:通过查阅安全生产相关制度、实施记录、档案等资料,核查企业安全管理体系的完备性和有效性。

（2）座谈与询问：考察企业主要负责人、安全生产管理人员、关键岗位从业人员等相关人员对安全生产相关法规、知识要求、安全操作技能以及突发事件应急处置的掌握程度。

（3）查看与查证：通过抽查企业装备设施等，核查装备设施等与相关要求的符合性。

（4）线上抽查：按照抽样方法或者相关预警数据等，通过电子运单、联网联控等信息化系统，抽取一定数量的车辆和人员，核查企业是否按照许可的经营范围开展业务活动，是否对车辆和人员实施有效的动态监控和管理等。

6.1.7 检查流程

6.1.7.1 检查准备

（1）监管部门应根据检查计划和检查任务成立检查组，从执法检查人员名录库中随机抽调不少于2名检查人员。根据实际需要，可聘请第三方专业机构或技术专家参与检查。

（2）检查组应提前熟悉被检查单位的情况，可通过查阅检查对象行政许可、行政处罚等基本信息，初步了解检查对象的实际情况。宜准备录音、录像或照相设备。

（3）检查组应实行组长负责制，由1名检查人员担任组长，明确检查组职责分工，编制检查记录表。

（4）综合安全生产监督检查时间应提前3天告知被检查单位，专项安全生产监督检查时间（以暗访暗查形式开展的检查除外）也应提前告知被检查单位。

6.1.7.2 现场检查

（1）检查开始前检查组长应主动出示交通运输行政执法证件，介绍检查组人员构成，说明检查事由，向被检查企业通报检查内容。

（2）检查过程中应当有企业代表人员在场。

（3）检查人员应填写企业安全生产监督检查记录表和检查工作汇总表（附件6-2），如实记录检查的时间、地点、内容、发现的问题及其处理情况等，保存提取的证据。其中，检查工作汇总表一式3份，由监管部门和被检查单位存留，监管部门存留2份，被检查单位存留1份。

（4）检查结束后应向被检查企业通报检查情况，并就检查过程中发现的问题和检查意见由检查人员和被检查单位的负责人签字确认。负责人拒绝签字的，检查人员应将情况记录在案。

（5）进行检查时，检查人员不得影响被检查单位的正常生产经营活动，对涉及被检查单位的技术秘密和业务秘密的，应当履行保密职责。

6.1.7.3 检查结果处理

（1）检查中发现的安全生产隐患，应及时告知被检查单位，并督促被检查单位立即整改。对整改难度较大、需一定时间方能整改消除的隐患，应下发整改通知书，督促限期整改。对于检查中发现的安全生产违法行为应按照交通运输行政执法程序的相关规定进行处理。对于存在重大事故隐患以及符合列入安全生产重点监管清单的情形,启动安全生产重点监管程序,并根据需要实施挂牌督办。

(2)监管部门应实施闭环管理,对被检查单位的整改情况进行跟踪,督促被检查单位上报隐患整改情况报告,对已达到整改要求的隐患予以确认,对符合验收结论及验收程序的重大事故隐患予以销号。对未按要求整改消除安全生产隐患的,依法做出行政处罚。

(3)发现属于其他部门职责范围内的重大事故隐患的,应将有关情况及时移送有管辖权的部门,并记录备查。对涉嫌刑事犯罪的应当及时移交司法机关,对没有处罚权的事项应当及时移交有处罚权的相关部门。

6.1.7.4 建立相关检查记录档案

各级行业管理机构应当建立安全生产监督检查档案,并归档保存,保存期不少于3年。安全生产监督检查档案包括但不限于:

(1)年度安全生产监督检查计划。
(2)危险货物道路运输企业安全生产行政检查记录表(附件6-1)*。
(3)道路运输安全生产行政检查工作汇总表(附件6-2)。
(4)检查相关证据(包括图片、视频、书证等)。
(5)事故隐患整改相关材料或行政处罚决定相关材料。
(6)受理举报情况记录(举报内容、调查核实情况、整改落实情况等)。

按照"谁检查、谁录入、谁公开"的原则,将抽查检查结果通过政务系统、相关监管系统、国家企业信用信息公示系统、全国信用信息共享平台等进行公示*,接受社会监督。

> **小贴士**
>
> (1)专项安全生产监督检查是指承担危险货物道路运输安全生产监督管理职责的部门依据法定职权,在检查计划之外,针对企业发生一般及以上安全生产事故的,有被上级部门督查或转办交办、投诉举报、媒体曝光、其他部门抄告重大事故隐患或安全生产违法违规行为的,或者针对重点节假日、重大活动,对道路运输企业遵守安全生产法律、法规、规章,执行安全生产行政命令等情况进行专项了解、调查和监督的行为。
>
> (2)检查人员在对易燃易爆、强腐蚀性、有毒、放射性等运输企业和车辆实施检查过程中,应当按照有关规定采取相应的防护措施,按照安全操作规程进行检查,避免造成意外伤害。
>
> (3)《危险货物道路运输企业安全生产行政检查记录表》(附件6-1)依据相关法律法规和标准编制,基本覆盖了法律法规规章所规定的危险货物道路运输安全生产监督管理内容。各地可以根据实际情况和工作需要进行调整和补充。
>
> (4)交通运输主管部门应当健全完善日常监管信息系统,全面记载危险货物道路运输企业运输生产情况和安全管理情况。

6.2 路检路查

路检路查的依据为《中华人民共和国安全生产法》《中华人民共和国道路运输条例》《道路货物运输及站场管理规定》《道路危险货物运输管理规定》《危险货物道路运输安全管理办法》等,参照《交通运输综合行政执法事项指导目录(2020年版)》。

6.2.1 路检路查内容

路检路查内容见《危险货物道路运输路检路查事项一览表》(附件6-3)。除《危险货物道路运输路检路查事项一览表》所列内容外,各地交通运输主管部门还可以会同公安等部门组织联合检查*。

6.2.2 检查实施

(1)实施路检路查的执法人员须两人以上、佩戴执法证件。应穿着制式服装,根据需要穿着多功能反光腰带、反光背心、救生衣,携带执法记录仪、对讲机、摄像机、照相机,配备发光指挥棒、反光锥筒、停车示意牌、警戒带以及文书、执法手册等执法装备和物品。

(2)执法人员应当遵守《交通运输行政执法程序规定》《交通运输行政执法人员风纪规范》《交通运输行政执法人员职业道德规范》《交通运输行政执法禁令》,文明执法。

(3)受检当事人无违法违章行为,应当交还有关证件,予以放行;有违法违章行为,但依法可不予以行政处罚的,可对其进行批评教育,纠正违章行为后放行。

(4)对受检当事人的违法违章行为进行行政处罚,应严格执行《交通运输行政执法程序规定》,坚持处罚与教育相结合的原则,严格履行规定程序,正确使用自由裁量权,做到所处罚的违法违章行为事实清楚、证据确凿、适用法律准确,依法维护当事人的合法权利。

(5)实施行政处罚应当按照《交通运输行政执法程序规定》的要求,拟制格式统一、内容完整、表述清楚、用语规范的执法文书,并按规定归档管理。在实施交通运输行政执法时,发现外地车辆有违法违规行为的,在处罚后应抄告车籍地市级交通运输主管部门。

小贴士

(1)路检路查时应选择安全和不妨碍通行的地点进行路面执法检查,设立警示牌或明显的执法标志,以提醒驾驶人员减速,避免发生道路交通事故。

(2)发现安全技术条件不符合国家标准要求或未随车携带相应单证报告的车辆运输危险货物,具有相应资质的车辆超载运输,未按照规定悬挂标志牌、标记和安全告示牌,通过道路运输危险化学品不配备押运人员等情况,应移交公安交通管理部门处理。

(3)查扣装有危险货物的车辆,应结合当地情况安全处置。
(4)遇到违章当事人态度蛮横、暴力抗法的情形,执法人员应当立即报告,并及时通知公安机关协助处理。
(5)执法人员进行执法检查时应当严格执行安全防护规定,采取有效防护措施,注意自身和他人人身安全。

6.3 服务质量投诉管理

及时、公正处理服务质量投诉,加强对道路运输服务质量的监督和管理,对保护道路运输服务对象的合法权益、维护道路运输市场的正常秩序具有重要意义和作用。服务质量投诉管理的依据为《道路运输服务质量投诉管理规定》。

6.3.1 投诉受理机构

县级以上交通运输主管部门负责本辖区道路运输服务质量投诉管理工作。

6.3.2 投诉受理条件

(1)投诉人必须是权益受到损害的道路运输服务对象或其代理人;
(2)有明确的投诉对象、具体事实及有关证明材料或证明人。

6.3.3 投诉受理范围

投诉受理范围包括:
(1)道路运输经营者未履行合同或协议而又拒不承担违约责任的;
(2)道路运输经营者未执行国家有关价格政策或未提供与其价格相符的服务的;
(3)道路运输经营者故意或过失造成投诉人人身伤害,货物灭失、短少、变质、污染、损坏、误期等而又拒绝赔偿损失的;
(4)道路运输经营者有欺诈行为的;
(5)道路运输经营者在经营活动中违反有关法律、法规或规章导致道路运输服务对象权益受到损害的;
(6)道路运输经营者未按规定提供与其经营内容相适应的服务设施、服务项目或服务质量标准的;
(7)道路运输经营者其他侵犯投诉人权益、损害投诉人利益的行为。
(8)道路运输经营者未执行或落实安全生产有关要求。
下列投诉不属于本受理范围:
(1)法院、仲裁机构或者有关行政机关已经受理的案件;

(2)由于不可抗力造成道路运输服务对象权益受到损害的投诉；

(3)治安和刑事案件投诉；

(4)交通事故投诉；

(5)国家法律、法规已经明确规定由其他机构受理的投诉。

6.3.4 投诉受理程序

(1)接到投诉时，应根据6.3.4，确定是否受理，不予受理的，要说明理由。电话投诉和当面投诉的要做好《道路运输服务质量投诉记录》(附件6-4)，也可通知其递交书面投诉材料。

(2)受理投诉后，应当在5日内通知被投诉人。被投诉人应当在接到投诉通知之日起10日内作出书面答复意见。书面答复应当载明以下事项：

①对投诉内容及投诉请求表明态度；

②陈述事实，申辩举证；

③提出解决意见。

(3)依法对投诉案件进行核实*。经调查核实后，依据有关法律、法规或规章，分清责任，在投诉受理之日起30日内，做出相应的投诉处理决定，并制作《道路运输服务质量投诉处理意见通知书》(附件6-5)，通知双方当事人。

(4)根据投诉事实的性质，对投诉案件的处理决定可采取调解或行政处罚两种处理方式。

(5)可以进行调解的投诉案件，制作《道路运输服务质量投诉调解意见书》(附件6-6)，一式3份。由投诉人、被投诉人双方(或其代表)签字，并经交通运输主管部门盖章确认后，分别交投诉人和被投诉人各1份，交通运输主管部门存档1份。

(6)由于道路运输经营者经营活动违反有关法律、法规及规章导致道路运输服务对象权益受到侵害的投诉案件，交通运输主管部门应责令其停止侵害，并依照有关道路运输的法律、法规及规章给予行政处罚。

(7)投诉处理材料存入日常监管档案*。

小贴士

(1)交通运输主管部门应依法对投诉案件进行核实。根据责任认定结果进行处理。其中，被投诉人过错的，由被投诉人向投诉人赔礼道歉或赔偿损失；投诉人与被投诉人共同过错的，由双方分别承担相应责任；投诉人自身过错的，责任自负。对于违反有关法律、法规及规章导致服务对象权益受到侵害的投诉案件，应责令其停止侵害，并依照有关道路运输的法律、法规及规章给予行政处罚。

(2)凡查实的服务质量投诉处理结果，应录入信用管理系统或者质量信誉档案。

6.4 运输企业质量信誉考核

运输企业质量信誉考核的依据为《道路货物运输及站场管理规定》《道路危险货物运输管理规定》《道路运输企业质量信誉考核办法(试行)》(交公路发〔2006〕294号)等文件。

质量信誉考核是指在考核年度内对危险货物道路运输企业的安全生产、经营行为、服务质量、管理水平和履行社会责任等方面进行的综合评价。该项工作有助于加强危险货物道路运输市场管理,强化市场诚信体系建设,建立完善优胜劣汰的竞争机制和市场退出机制,引导和促进道路运输企业加强管理、保障安全、诚信经营、优质服务*。

6.4.1 考核计划

质量信誉考核每年进行一次,由省或市级交通运输主管部门组织开展,市级、县级交通运输主管部门按照职责分工制订考核工作方案,明确考核范围、职责分工、考核步骤及工作要求,做好相关工作。

6.4.2 考核内容

质量信誉考核内容主要包括运输安全、经营行为、服务质量、社会责任和企业管理等方面。各地交通运输主管部门可以结合地方实际,调整和完善质量信誉考核指标和内容。

> **小贴士**
> 目前,部分省份交通运输主管部门根据实际情况,制定了危险货物道路运输企业质量信誉考核办法,如贵州、四川、陕西、宁夏等地;部分省份制定了覆盖危险货物道路运输领域的信用管理办法,以替代质量信誉考核,实现对企业的信用管理。

6.4.3 等级划分

危险货物道路运输企业质量信誉考核实行计分制,考核总分为1000分,加分为100分,总分为1100分。考核等级分为优良、合格、基本合格和不合格,分别用AAA级、AA级、A级和B级表示。

(1)考核期内未发生一次死亡3人以上的重特大交通责任事故或特大恶性污染责任事故,也未发生一次特大恶性服务质量事件,且考核总分和加分合计不低于850分的,质量信誉等级为AAA级;

(2)考核期内未发生一次死亡10人以上的特大交通责任事故或特大恶性污染责任事故,也未发生一次特大恶性服务质量事件,且考核总分和加分合计在700分至849分之间的,质量信誉等级为AA级;

(3)考核期内未发生一次死亡10人以上的特大交通责任事故或特大恶性污染责任事故,也未发生一次特大恶性服务质量事件,且考核总分和加分合计在600分至699分之间的,质量信誉等级为A级;

(4)考核期内有下列情形之一的,质量信誉等级为B级:

①发生一次死亡10人以上的特大交通责任事故的;

②发生一次特大恶性污染责任事故的;

③发生一次特大恶性服务质量事件的;

④考核总分和加分合计低于600分的。

在异地设有分公司的危险货物道路运输企业与总公司一起进行质量信誉考核,应按照上述要求提供材料,包括分公司的营运车辆及质量信誉情况。分公司所在地县级或设区的市级道路运输管理机构对分公司的质量信誉情况进行核实,出具书面证明,并对确认结果负责。子公司的质量信誉等级由其所在地交通运输主管部门单独评定。

6.4.4 工作流程*

(1)考核通知。通知企业应在规定的时间内向县级交通运输主管部门如实报送企业上一年度的质量信誉情况,做好考核相关准备。

(2)初评。县级交通运输主管部门按照考核表和考核材料对企业进行初评,并将考核指标数据、所得分数和初评结果报设区的市级交通运输主管部门。

(3)复核。市级交通运输主管部门进行复核,并将结果通知企业,同时,在媒体上公示15天。

(4)评定等级。公示结果有异议的,市级交通运输主管部门进行调查核实,根据各项指标的最终考核结果评定等级;并将评定结果报省级交通运输主管部门。

(5)公布结果。省级交通运输主管部门核查考核结果,并在媒体上公示。省级交通运输主管部门可以组织复核工作小组对考核结果进行审查和实地核查。

(6)结果处置*。

①对AAA级企业,颁发证书及牌匾。

②对B级企业,下达整改通知,限期整改并跟踪整改结果。

小贴士

(1)质量信誉考核是社会信用体系建设的组成部分,应与社会信用评价体系相关联。可借鉴江苏、浙江、广东等地的经验做法,完善危险货物道路运输企业信用体系建设,实行分类分级监管,提升监管效率。

(2)交通运输主管部门应通过政务网站及其他媒体向社会公示质量信誉考核结果,为社会查询企业质量信誉情况提供便利条件。

6.5 守信联合激励和失信联合惩戒对象名单

守信联合激励和失信联合惩戒对象名单的依据为《国务院关于建立完善守信联合激励和失信联合惩戒制度加快推进社会诚信建设的指导意见》(国发〔2016〕33号)、《交通运输守信联合激励和失信联合惩戒对象名单管理办法(试行)》(交政研发〔2018〕181号)。各地可以结合实际情况发布地方管理办法。

6.6 运单管理

危险货物道路运输运单管理的依据为《危险货物道路运输安全管理办法》《交通运输部办公厅关于加强危险货物道路运输单管理工作的通知》(交办运函〔2020〕531号)、《交通运输部办公厅关于全面推进实施危险货物道路运输电子运单管理工作的通知》(交办运〔2023〕71号)。

6.6.1 运单填报内容

根据《危险货物道路运输运单制作及使用指南(第二版)》，危险货物道路运输运单基础信息包括：托运人、装货人、目的地、承运人、货物信息等。

企业设计运单时，内容、顺序与上述运单格式一致的情况下，版式可有所差别。

6.6.2 运单制度实施

各级交通运输主管部门要按照《危险货物道路运输安全管理办法》规定的运单制度、使用要求和《危险货物道路运输运单制作及使用指南(第二版)》明确的运单格式，加大宣贯培训力度，指导企业人员正确理解、全面掌握相关工作要求，及时、准确填报运单。

企业派发有效电子运单后，车辆方可上路行驶：

(1)对于一个趟次危险货物运输涉及多个托运人(装货人)或收货人，且需要体现中间装卸信息的，第一个托运人(装货人)、最后一个收货人填写在运单中，且运单中的危险货物数量为货物总量，其余装卸信息填写在运单拓展信息中。

(2)对于一个趟次多点装卸的城市配送车辆，每趟次可只填写一个电子运单，需要体现中间装卸信息的，应当填写电子运单拓展信息。

(3)对于危险货物运输车辆载运非危险货物的，应当填写行车日志并注明"普货运输"。

(4)对于车辆空车行驶前往开展罐体检测、罐体清洗、车辆维修保养等非运输任务的，应当填写行车日志并注明"空车运行"。

各级交通运输主管部门可通过定向督导，督促危险货物道路运输企业全面规范使用电子运单(图6-1)，充分利用信息化手段加强运输调度和运输过程管理，确保电子运单能够实时上传至危险货物道路运输安全监管系统。

危险货物道路运输运单

运单编号：	(1)					
托运人	名称	(2)	收货人	名称	(6)	
	联系电话	(3)		联系电话	(7)	
装货人	名称	(4)	起运日期		(8)	
	联系电话	(5)	起运地		(9)	
目的地	(10)			☐ 城市配送	(11)	
承运人	单位名称	(12)	联系电话			(14)
	许可证号	(13)				
	车辆信息	车牌号码（颜色）	(15)	挂车信息	车牌号码	(17)
		道路运输证号	(16)		道路运输证号	(18)
	罐体信息	罐体编号	(19)		罐体容积	(20)
	驾驶员	姓名	(21)	押运员	姓名	(24)
		从业资格证	(22)		从业资格证	(25)
		联系电话	(23)		联系电话	(26)
货物信息	包括序号，UN开头的联合国编号，危险货物运输名称，类别及项别，包装类别，包装规格，单位，数量等内容，每项内容用逗号隔开 (27)					
备注	(28)			(29)		
调度人：(30)			调度日期：(31)			

图6-1 危险货物道路运输电子运单示例

> **小贴士**
> 各省级交通运输主管部门可完善电子运单管理系统功能，实现运单管理、监督检查、量化分析、分类评估业务环节的自动化采集与处理，为精细化监管提供技术手段。

6.6.3 监督检查

对以下属于"未按照规定制作危险货物运单"的情形，须按照《危险货物道路运输安全管理办法》规定依法予以处理：

(1) 运输危险货物，未制作及派发运单。

(2) 运单二维码无效（除系统异常情况外）。

(3) 运单中运输企业、车辆、罐体、驾驶人员及押运人员信息与实际情况不符（驾押人员均有双证交替驾驶情形除外）。

(4)运单中"货物信息"栏的联合国编号、正式运输名称、类别及项别、包装类别与《危险货物道路运输规则 第3部分:品名及运输要求索引》(JT/T 617.3)不一致。

各级交通运输主管部门可开展电子运单信息与车辆动态监控、高速公路通行管理、罐体检验文件等信息的比对分析,加大对"有运输、无运单""车先行、后填单"、超范围运输等行为的排查力度,并结合当地实际,健全危险货物道路运输企业电子运单使用评估标准,推进将电子运单使用情况纳入企业质量信誉考核管理*。

> **小贴士**
>
> (1)省级交通运输主管部门依托电子运单系统,定期对运单填报情况、起讫点与行驶轨迹不一致情况、有运单无轨迹的情况进行通报,提高运单填报及时性和准确性。
>
> (2)建立电子运单与车辆动态监控协同联动机制,强化信息共享与比对;加强对货物种类、数量、分布、流向的分析,为有针对性地开展从业人员培训、应急救援演练及各级政府调整优化危险化学品产业布局提供决策支持。
>
> (3)逐步建立电子运单使用与运输企业扩大或核减经营范围、运力发展、年度审验等各项业务相关联的工作机制,提高危险货物道路运输的综合监管能力。
>
> (4)加强与各相关部门信息共享和联动,拓展电子运单在运输全过程中的应用,形成涵盖危险货物托运、承运、装卸、车辆运行等环节"市场主体全流程运行规范、政府部门全链条监管到位、运输服务全要素安全可控"的危险货物道路运输全过程安全管理体系。
>
> (5)可使用运单二维码查询工具("危运信息查询助手"微信小程序、"道路运政一网通办"小程序),查询运单基础信息。

6.7 豁免管理

6.7.1 豁免情形

由于危险货物种类繁多,包装容器多样,且部分危险货物与居民日常生活密切相关。为了方便和促进小包装危险货物运输,针对部分危险性较低、包装容量较小和部分符合特定要求的危险货物可以豁免部分危险货物道路运输相关管理和技术要求,实行道路运输豁免政策。

依据《道路危险货物运输管理规定》《危险货物道路运输安全管理办法》《危险货物道路运输规则》(JT/T 617)、《国家危险废物名录》以及交通运输部相关文件,危险货物道路豁免主要包括四种情形:

(1)直接豁免:满足相关要求和条件,可以直接按照普通货物组织运输。

(2)有限数量和例外数量豁免:符合《危险货物道路运输安全管理办法》和《危险货物道路运输规则》(JT/T 617)中有关有限数量和例外数量豁免条件的危险货物。

(3)特殊规定豁免:满足《危险货物道路运输规则 第3部分:品名及运输要求索引》(JT/T 617.3—2018)附表 A.1 道路运输危险货物一览表的第(6)列"特殊规定"中某一具体数字所代表的豁免要求的危险货物。

(4)交通运输部规范性文件明确规定豁免情形的危险货物。

6.7.2 豁免条件和依据

四类豁免情形的具体条件和依据见表6-1。

危险货物道路运输豁免条件或依据　　　　　　　　　　表6-1

序号	分类	豁免条件或依据
1	直接豁免	(1)《国家危险废物名录(2025年版)》附录危险废物豁免管理清单,其中豁免环节条目载明"全部环节"和"运输"的。 (2)《危险货物道路运输规则 第3部分:品名及运输要求索引》(JT/T 617.3—2018)附表 A.1 道路运输危险货物一览表中列明"不受 JT/T 617.1—2018 ~ JT/T 617.7—2018 限制"的
2	有限数量危险货物	《危险货物道路运输安全管理办法》第三章、《危险货物道路运输规则 第3部分:品名及运输要求索引》(JT/T 617.3—2018)的第7章"有限数量危险货物"和附表 A.1 道路运输危险货物一览表第(7a)列。具体豁免可参见《例外数量和有限数量危险货物道路运输指南》
	例外数量危险货物	《危险货物道路运输安全管理办法》第三章、《危险货物道路运输规则 第3部分:品名及运输要求索引》(JT/T 617.3—2018)的第8章"例外数量危险货物"和附表 A.1 道路运输危险货物一览表第(7b)列。具体操作可参见《例外数量和有限数量危险货物道路运输指南》
3	特殊规定豁免	《危险货物道路运输规则 第3部分:品名及运输要求索引》(JT/T 617.3—2018)附表 A.1 道路运输危险货物一览表的第(6)列"特殊规定"中某一具体数字所代表的豁免要求
4	交通运输部文件豁免	(1)交通部办公厅关于危险货物道路运输管理几个问题的复函(厅公路字〔2001〕70号)。 (2)关于《危险货物品名表》(GB 12268—2005)国家标准第1号修改单的公告(交通部公告〔2007〕27号)。 (3)关于农药运输的通知(交水发〔2009〕162号)。 (4)关于同意将潮湿棉花等危险货物豁免按普通货物道路运输管理的通知(交运发〔2011〕141号)。 (5)关于进一步规范限量瓶装二氧化碳气体道路运输管理有关事项的通知(交运发〔2016〕61号)。 (6)交通运输部关于进一步规范限量瓶装氮气等气体道路运输管理有关事项的通知(交运发〔2017〕96号)。 (7)交通运输部办公厅关于进一步规范医用核磁共振检测仪及限量瓶装氟利昂类制冷气体道路运输管理有关事项的通知(交办运〔2021〕42号)

第7章　行业统计与档案管理

交通运输行业统计是为分析研判交通运输行业发展特点与趋势，把握阶段性特征，揭示交通运输与国民经济、关联产业的相关关系，并提出措施建议。日常监管档案是交通运输主管部门依法行政工作的重要载体，内部监督是上级交通运输主管部门指导监督下级交通运输主管部门工作的重要措施。交通运输主管部门应当高度重视并认真落实好上述工作。

7.1　行业统计管理

行业统计管理的依据为《中华人民共和国统计法》《中华人民共和国统计法实施条例》《交通运输统计管理规定》《交通运输部办公厅关于印发公路水路行业统计调查制度（2023年年报和2024年定报）的通知》（交办规划函〔2024〕72号），以及《公路水路交通运输企业一套表统计调查制度》等法律、法规、规章及文件。

各级交通运输主管部门应按规定组织实施职责范围内的统计活动，坚持依法统计，严把统计数据质量关，加强数据质量审核，保障统计资料的真实性、准确性、完整性和及时性，确保统计数据质量。统计机构和统计人员要本着实事求是、认真严谨的原则做好行业统计工作。

7.1.1　职责要求

各级交通运输主管部门的统计工作职责主要包括：

（1）贯彻执行综合交通运输、公路、水路，及城市客运领域统计法律、法规及工作规范，起草本行政区域内的交通运输统计工作制度并组织实施。

（2）组织开展本行政区域内的专项调查工作，拟定统计调查项目、起草相应统计调查制度并组织实施，依法完成统计调查任务。

（3）负责本行政区域内统计资料的收集、审核、汇总、报送、公布等工作。

（4）组织开展交通运输运行监测分析和统计信息化建设，组织统计检查、考核和培训。

（5）组织开展本行政区域内交通运输经济运行分析，提供统计咨询与服务。

交通运输统计工作人员的统计工作职责主要包括：

（1）具备完成交通运输统计工作任务所需要的专业知识和业务能力，并按规定参加统计业务培训。

（2）对职责范围内生产统计数据质量负直接责任，对下一级报送的统计数据质量负监管责任。

(3)依法履行职责,如实搜集、报送统计资料,不得伪造、篡改统计资料,不得以任何方式要求任何单位和个人提供不真实的统计资料。

(4)对统计工作中知悉的国家秘密、商业秘密和个人信息应当予以保密。

7.1.2 统计调查项目

7.1.2.1 依法审批或者备案

(1)交通运输统计调查项目应当必要、可行,其内容和统计范围应当符合项目拟定单位的职责分工。新设立的统计调查项目不得与正在执行的统计调查项目重复。

(2)交通运输统计调查项目应当依法审批或者备案。任何单位不得擅自实施未经审批或者备案的交通运输统计调查项目,不得擅自以开展统计调查的名义收集统计资料。

(3)各级交通运输主管部门应按照职责和规定,根据工作需要拟定统计调查项目,报同级人民政府统计机构审批,并报上一级人民政府交通运输主管部门备案。

(4)调查对象属于本部门管辖系统的,应当依法办理备案;调查对象超出本部门管辖系统的,应当依法办理审批。

统计调查项目送审或者备案时,应提交下列材料:

(1)申请审批或者备案项目的公文。

(2)统计调查项目审批或者备案申请表。

(3)统计调查制度等。其中,统计调查制度应当对调查目的、调查内容、调查方法、调查对象、调查组织方式、调查表式、统计资料的报送和公布等作出规定。

(4)统计调查项目的论证报告、背景材料、经费保障等,修订的统计调查项目还应当提供修订说明。

(5)征求有关地方、部门、统计调查对象和专家意见及其采纳情况。

(6)制定机关按照会议制度集体讨论决定的会议纪要。

(7)重要统计调查项目的试点报告。

(8)由审批机关或者备案机关公布的统计调查制度的主要内容。

(9)防范和惩治统计造假、弄虚作假责任规定。

根据《交通运输部办公厅关于印发公路水路行业统计调查制度(2023年年报和2024年定报)的通知》,对于危险货物道路运输行业的统计主要涉及以下统计调查制度,如表7-1所示。

交通运输部颁布的相关统计调查制度(2023年年报和2024年定报)　　表7-1

序号	统计调查制度	批准类型	批准文号	有效期
2023年审批或备案的统计调查制度				
1	交通运输部门统计调查制度	审批	国统制〔2024〕8号	2027-01
2	交通运输企业统计调查制度	审批	国统制〔2024〕8号	2027-01

续上表

序号	统计调查制度	批准类型	批准文号	有效期
3	道路运输统计调查制度	审批	国统制〔2024〕8号	2027-01
有效期内继续执行的统计调查制度					
1	道路货物运输价格统计调查制度	审批	国统制〔2022〕199号	2025-12
2	道路运输行业行车事故统计调查制度	审批	国统制〔2021〕159号	2024-12
3	交通运输科技统计调查制度	审批	国统制〔2021〕159号	2024-12

7.1.2.2 统计调查主要内容

1) 企业统计调查项目

目前,对于交通运输企业的统计调查主要通过"交通运输企业一套表联网直报系统"开展,以确保"企业原始数据直接到部,地方各级交通运输主管部门同步接收、即时在线审核、数据上报全程透明、过程监管全部留痕、数据资源充分共享"。一套表系统中涉及危险货物道路运输的交通运输企业统计调查报表见表7-2。

涉及危险货物道路运输的交通运输企业统计调查报表　　表7-2

表号	表名	报告期别	统计范围	报送单位
交企统101表	单位基本情况	年报	①所有从事公路客运业务(不含租赁客运)且拥有客运车辆的企业; ②所有从事城市轨道交通、巡游出租客运、城市客运轮渡、内河客运以及海洋运输业务的企业; ③所有从事公共汽电车客运以及港口业务的经营业户; ④获得道路货物运输经营许可,主营道路货物运输且拥有货运车辆数在50辆及以上的法人企业; ⑤重点内河货运企业(名单见附录二)	经营业户
交企统102表	法人企业财务状况	年报	①所有主营公路客运(不含租赁客运)、拥有客运车辆且年营业收入在1000万元及以上的法人企业; ②所有主营公共汽电车客运、城市轨道交通、巡游出租客运、城市客运轮渡、内河客运、海洋运输、港口业务,且年营业收入在1000万元及以上的法人企业; ③规模以上道路货运企业; ④重点内河货运企业(名单见附录二)	法人企业
交企统H104-2表	道路货物运输能源消耗情况	年报	规模以上道路货运企业	企业

续上表

表号	表名	报告期别	统计范围	报送单位
交企统202表	法人企业季度财务状况	季报	①所有主营公路客运(不含租赁客运)、拥有客运车辆且年营业收入在1000万元及以上的法人企业; ②所有主营内河客运、海洋运输、港口业务,且年营业收入在1000万元及以上的法人企业; ③规模以上道路货运企业; ④重点内河货运企业(名单见附录二)	法人企业
交企统H203-2表	道路货物运输月度生产情况	月报	规模以上道路货运企业	企业
交企统205表	企业运行景气状况	月报	重点法人企业(名单见附录三)	法人企业

2)道路运输行业或部门统计调查项目

危险货物道路运输行业统计调查主要涉及《道路运输统计调查制度》(表7-3)和《交通运输部门统计调查制度》(表7-4)。统计调查内容包括业户、经营业户、从业人员、车辆、涉及危险货物运输的国际道路运输等。

涉及危险货物的道路运输统计调查报表　　　　　表7-3

表号	表名	报告期别	填报范围
交运1表	道路运输经营业户	年报	所有从事道路旅客运输和道路货物运输的经营业户
交运2表	道路运输相关业务经营业户	年报	所有从事道路运输相关业务的经营业户
交运3表	道路运输从业人员	年报	道路运输业中所有从事生产、经营和管理的人员
交运10表	道路危险货物运输	年报	所有从事危险货物道路运输的业户、车辆
交运11-1表	国际道路运输口岸基本情况表	年报	我国边境线上已开通国际道路运输的陆地边境口岸
交运11-2表	国际道路运输线路明细表	年报	经中方交通运输主管部门批准核定的国际道路旅客(货物)运输线路
交运11-3表	国际道路运输车辆	年报	中方国际道路运输车辆数量
交运11-4表	国际道路运输口岸运输量	半年报、年报	通过陆地边境口岸由中、外双方承运者完成的国际道路客货运输量(含内地与香港、内地与澳门特别行政区间)
交运12表	港澳台及外商投资道路运输业	年报	港澳台及外商投资道路运输业的独资、合资、合作企业
交运13表	道路运输车辆、业户及从业人员市场退出情况	年报	退出市场的从事道路运输的车辆、业户及从业人员

涉及危险货物的部门统计调查报表　　　　表 7-4

表号	表名	报告期别	统计范围
交行统 C101 表	基本单位信息变更明细情况	月报	在报告期内因新增、变更、注销等原因发生信息变动,依法从事道路运输和水上运输相关经营活动的经营业户
交行统 H202 表	公路货物营运车辆拥有情况	年报	在公路运输管理部门注册登记的、未办理报废、注销、转出手续的营运车辆
交行统 H402 表	道路货运规下业户月度生产情况	月报	规模以下道路货运经营业户

3) 道路运输行业行车事故统计调查项目

为加强道路运输行业安全生产监督管理,做好道路运输行业行车事故统计工作,及时、准确、完整地反映道路运输行业行车事故情况,保障及时、有效开展道路运输行业行车事故应急处理和全面统计分析,交通运输部制定了《道路运输行业行车事故统计调查制度》,主要统计公共交通企业、出租汽车企业及个体运输业户、道路运输企业及个体运输业户(以下简称运输经营者)在运输活动中所发生的行车事故(以下简称运输行车事故)。

若发生运输行车事故,运输经营者和交通运输主管部门应按照下列要求报告:

(1)运输经营者发生运输行车事故后,应当迅速报告事故发生地和运输经营者所属地交通运输主管部门。

(2)事故发生地和运输经营者所属地交通运输主管部门接到报告后应当及时报告省级交通运输主管部门。

(3)各省级交通运输主管部门对辖区内所属运输经营者所发生的一次死亡 3 人及以上 10 人以下的行车事故[包括客运班线车辆、旅游车及包车、货运车辆(含危险化学品运输车)、城市公共汽电车、出租汽车、城市轨道交通车辆]、涉及外籍人员(包括中国港、澳、台)死亡的行车事故、造成重大污染的危险化学品(包括剧毒、放射、爆炸品等)运输事故,应当在接到报告后 12 小时之内按照《道路运输行业行车事故快报》的表式报交通运输部,并及时续报事故伤亡人数变化、事故调查和处理情况。

(4)各省级交通运输主管部门对辖区内及所属运输经营者所发生的一次死亡 10 人及以上的行车事故,应当在接到报告后 2 小时之内按照《道路运输行业行车事故快报》的表式报交通运输部,并及时续报事故伤亡人数变化、事故调查和处理情况。

(5)各省级交通运输主管部门对辖区内所属运输经营者发生的一次死亡 1 人及以上的行车事故,应当按照《道路运输行业行车事故统计表》的表式按月汇总后,于每月 15 日之前将上月的统计表报交通运输部。

4) 生产安全事故统计调查项目

根据《生产安全事故报告和调查处理条例》第十条的规定,安全生产监督管理部门和负有安全生产监督管理职责的有关部门接到事故报告后,应当依照下列规定上报事故情况,并通知公安机关、劳动保障行政部门、工会和人民检察院:

（1）特别重大事故、重大事故逐级上报至国务院安全生产监督管理部门和负有安全生产监督管理职责的有关部门。

（2）较大事故逐级上报至省、自治区、直辖市人民政府安全生产监督管理部门和负有安全生产监督管理职责的有关部门。

（3）一般事故上报至设区的市级安全生产监督管理部门和负有安全生产监督管理职责的有关部门。

安全生产监督管理部门和负有安全生产监督管理职责的有关部门依照前款规定上报事故情况，应当同时报告本级人民政府。国务院安全生产监督管理部门和负有安全生产监督管理职责的有关部门以及省级人民政府接到发生特别重大事故、重大事故的报告后，应当立即报告国务院。必要时，安全生产监督管理部门和负有安全生产监督管理职责的有关部门可以越级上报事故情况。

《生产安全事故报告和调查处理条例》第十一条规定，安全生产监督管理部门和负有安全生产监督管理职责的有关部门逐级上报事故情况，每级上报的时间不得超过2小时。

7.1.3　统计调查实施

交通运输统计调查由项目拟定单位负责组织实施，严格按照批准的统计调查制度组织实施，不得擅自变更或者调整。如需变更或者调整统计调查制度，统计调查项目拟定单位应当重新履行审批或者备案程序。

各级交通运输主管部门应加强辖区危险货物道路运输企业（单位）的基本单位名录库管理，做好信息更新维护，确保基本单位名录库企业数与同期政务库记录匹配*。交通运输统计调查以周期性专项调查为基础，以经常性抽样调查为主体，综合运用全面调查、重点调查等方法，并充分利用行政记录等资料，采用月报、季报、年报等方式。对于行车事故类则采用即时报、月报、年报等方式。在开展涉及危险货物道路运输企业、行业及行车事故统计时，应使用国家统计标准和交通运输统计标准，保证统计调查指标含义、计算方法、分类目录、调查表式、统计编码等标准化和规范化。

7.1.4　统计调查资料报送

危险货物道路运输行业统计调查资料实行逐级报送或者直接报送。

逐级报送由统计调查对象按照统计调查制度要求，向所在地人民政府交通运输主管部门报送统计资料，经所在地人民政府交通运输主管部门审核、汇总后，逐级上报至省级人民政府交通运输主管部门；省级人民政府交通运输主管部门审核、汇总后，报送交通运输部统计工作部门或者其他各职能部门。地方各级交通运输主管部门报送上级交通运输主管部门的统计资料，抄送同级人民政府统计机构。

直接报送由统计调查对象按照统计调查制度要求，向交通运输部统计工作部门或者其他各职能部门报送统计资料。

7.1.5 统计分析与监测

各级交通运输主管部门应建立健全与管理职责相适应的统计分析与监测工作制度，开展运行分析工作。持续深化行业统计分析工作，聚焦热点、难点问题，研判交通运输行业发展特点与趋势，把握阶段性特征，揭示交通运输与国民经济的相关关系，努力提供更高水平、更深层次、更加有力的决策参考。

小贴士

(1) 为确保统计数据质量，交通运输统计部门应监督和引导调查对象依法依规统计，建立统计台账，做好数据源头单据收集、整理等，健全统计资料的审核、签署、交接和归档等制度，确保源头数据数出有据。

(2) 在开展统计调查工作时，交通运输主管部门应采取有效措施，清理各类监管和统计调查系统的垃圾数据，完善相关系统的功能，实现多个系统的联动协同，提高统计效率，保证不同系统的数据基本一致，杜绝瞒报、漏报现象。

(3) 各级交通运输主管部门可以结合联网联控系统、电子运单系统、政务系统等多源系统的数据，建立指标监测预警机制。梳理危险货物道路运输统计工作中的重点指标，建立重要指标动态监测预警机制，推动数据前置审核，分析重点指标变化趋势，科学研判态势，及时发现异常情况和潜在风险，增强统计工作主动性。同时，加强统计指标和数据对比分析，加强统计成果与业务管理相互补充、相互印证。

7.1.6 统计资料的管理和公布

交通运输统计调查项目获取的统计资料(是指在统计工作中取得的反映交通运输行业发展状况的数据、文字、图表等纸质、电子数据资料的总称)由统计调查实施单位负责具体管理。统计调查中取得的统计调查对象的原始统计资料，应当至少保存两年。汇总性统计资料应当至少保存10年，重要汇总性统计资料应当永久保存。

各级交通运输主管部门通过统计调查取得的统计资料，除应当保密的，按照《中华人民共和国统计法》《中华人民共和国统计法实施条例》等相关规定及时予以公布。

7.2 日常监管档案管理

日常监管档案是交通运输主管部门履行行业监督管理职责，开展行业监管活动的记录，既是交通运输主管部门对危险货物道路运输企业进行年度综合评定(质量信誉考核)的佐证资料，也是上级交通运输主管部门对下级交通运输主管部门日常监管工作进行考核的重要依据。担负日常监管工作任务的交通运输主管部门应当建立健全危险货物道路运输企业日常监管档案。

7.2.1 档案内容

日常监管档案内容包括：

(1)驾驶人员诚信考核档案。

设区的市级交通运输主管部门应按《道路运输驾驶员诚信考核办法》(交运规〔2022〕6号)规定,建立危险货物道路运输从业人员诚信考核档案。

(2)危险货物道路运输企业质量信誉考核记录档案。

县级、设区的市级交通运输主管部门应按《道路运输企业质量信誉考核办法(试行)》(交公路发〔2006〕294号)以及地方制定的相关考核办法及要求,建立危险货物道路运输企业质量信誉考核档案。采用信用管理的省市,应建立危险货物道路运输企业信用管理档案。

(3)生产安全事故档案管理办法。

生产安全事故档案管理应符合《生产安全事故档案管理办法》(安监总办〔2008〕202号)。

(4)危险货物道路运输企业监督检查记录。

按照党中央、国务院、交通运输部及相关部委、地方人民政府及上级交通运输主管部门相关部署安排,对职责范围内的危险货物道路运输企业建立相关档案。包括安全生产标准化达标、双重预防机制建设监督管理、安全生产重点监管名单管理、安全生产警示约谈和挂牌督办、守信联合激励和失信联合惩戒对象名单、安全生产监督检查和行政执法、安全生产月、安全生产专项整治等相关档案。

(5)重大风险监管档案。

重大风险监管档案,主要包括各级重大风险基础信息清单、责任分工清单、防控措施清单、监测监控清单和应急处置清单等五个清单,记录重大风险地理位置、危险特性、影响范围以及可能发生的事故及后果等基础数据和信息。

(6)执法评议考核档案。

各级交通运输主管部门应按《交通运输行政执法评议考核规定》(交通运输部令2010年第2号)规定建立行政执法评议考核档案,如实记录日常执法评议考核情况,作为年度执法评议考核的重要依据。

(7)其他日常监督资料。

7.2.2 档案保存及更新

日常监管档案由负责监管的交通运输主管部门保管,档案保管按《中华人民共和国档案法》《中华人民共和国档案法实施条例》《机关档案管理规定》《机关文件材料归档范围和文书档案保管期限规定》《电子公文归档管理暂行办法》等相关规定执行。

附 件

附件

附件1 危险货物道路运输企业行政许可

附件1　危险货物道路运输企业行政许可

附件1-1　道路危险货物运输经营申请表

道路危险货物运输经营申请表

危货运输1表　第1页,共6页

道路危险货物运输经营申请表	受理申请机关专用

说明

1. 本表根据《道路危险货物运输管理规定》制作,申请从事道路危险货物运输经营应当向所在地设区的市级交通运输主管部门提出申请,填写本表,并同时提交其他相关材料(材料要求见第6页)。
2. 本表可向交通运输主管部门免费索取,也可自行从交通运输部网站(www.mot.gov.cn)下载打印。
3. 本表需用钢笔填写或者计算机打印,请用正楷,要求字迹工整。

申请人基本信息

申请人名称_____
　　　　　要求填写企业(公司)全称或企业预先核准全称
负责人姓名_____　经办人姓名_____
通信地址_____
邮　　编_____　电　　话_____
手　　机_____　电子邮箱_____

申请许可内容(首次申请道路危险货物运输经营的填写)

一、类别

□第1类　　　　□第2类　　　　□第3类　　　　□第4类
□第5类　　　　□第6类　　　　□第8类　　　　□第9类
□剧毒化学品　　□医疗废物　　　□危险废物

二、项别(剧毒化学品除外)

□1.1项　　　　□1.2项　　　　□1.3项　　　　□1.4项
□1.5项　　　　□1.6项　　　　□2.1项　　　　□2.2项
□2.3项　　　　□4.1项　　　　□4.2项　　　　□4.3项
□5.1项　　　　□5.2项　　　　□6.1项　　　　□6.2项

三、品名【如是剧毒化学品,应在品名后括号标注"剧毒",例如"液氯(剧毒)"】
_____

注:1. 勾选某类经营范围的,不必再勾选该类内的项别,反之亦然;按品名申请的,不必勾选该品名对应的类别或项别(下同)。
　　2. 如许可内容没有剧毒化学品,要在《道路运输经营许可证》经营范围内标注"剧毒化学品除外"。

申请许可内容(申请扩大道路危险货物运输经营范围的填写)

1. 现从事的道路危险货物运输经营范围

一、类别

☐第1类　　　☐第2类　　　☐第3类　　　☐第4类
☐第5类　　　☐第6类　　　☐第8类　　　☐第9类
☐剧毒化学品　☐医疗废物　　☐危险废物

二、项别(剧毒化学品除外)

☐1.1项　　　☐1.2项　　　☐1.3项　　　☐1.4项
☐1.5项　　　☐1.6项　　　☐2.1项　　　☐2.2项
☐2.3项　　　☐4.1项　　　☐4.2项　　　☐4.3项
☐5.1项　　　☐5.2项　　　☐6.1项　　　☐6.2项

三、品名【如是剧毒化学品,应在品名后括号标注"剧毒",例如"液氯(剧毒)"】

_____

2. 拟申请的道路危险货物运输经营范围

一、类别

☐第1类　　　☐第2类　　　☐第3类　　　☐第4类
☐第5类　　　☐第6类　　　☐第8类　　　☐第9类
☐剧毒化学品　☐医疗废物　　☐危险废物

二、项别(剧毒化学品除外)

☐1.1项　　　☐1.2项　　　☐1.3项　　　☐1.4项
☐1.5项　　　☐1.6项　　　☐2.1项　　　☐2.2项
☐2.3项　　　☐4.1项　　　☐4.2项　　　☐4.3项
☐5.1项　　　☐5.2项　　　☐6.1项　　　☐6.2项

三、品名【如是剧毒化学品,应在品名后括号标注"剧毒",例如"液氯(剧毒)"】

_____

附件

附件1 危险货物道路运输企业行政许可

危货运输1表 第3页,共6页

危险货物运输车辆信息

已购置危险货物运输车辆情况

序号	厂牌型号	数量	车辆类型	车辆技术等级	总质量(t)	核定载质量(t)	车轴数	车辆外廓长宽高(cm)	罐体容积(L)	拟用罐式车辆运输的危险货物中密度最大的货物品名及密度(kg/m³)	是否配备有效通信工具	是否安装具有行驶记录功能的卫星定位装置
1												
2												
3												
4												
5												
6												

表格不够,可另附表填写

拟购置危险货物运输车辆情况

序号	厂牌型号	数量	车辆类型	车辆技术等级	总质量(t)	核定载质量(t)	车轴数	车辆外廓长宽高(cm)	罐体容积(L)	拟用罐式车辆运输的危险货物中密度最大的货物品名及密度(kg/m³)	是否配备有效通信工具	是否安装具有行驶记录功能的卫星定位装置
1												
2												
3												
4												
5												
6												

表格不够,可另附表填写

危货运输1表 第4页,共6页

如申请扩大经营范围,请填写"现有危险货物运输车辆情况"表。

现有危险货物运输车辆情况

序号	道路运输证号	厂牌型号	车牌号	车辆类型	车辆技术等级	总质量(t)	核定载质量(t)	车轴数	车辆外廓长宽高(cm)	罐体容积(L)	拟用罐式车辆运输的危险货物中密度最大的货物品名及密度(kg/m³)	是否配备有效通信工具	是否安装具有行驶记录功能的卫星定位装置
1													
2													
3													
4													
5													
6													

表格不够,可另附表填写

设备情况

		配备情况	所有权	现场核查情况（此栏由受理申请机关填写）
环境保护设备	1			
	2			
消防设施设备				
安全防护设备	1			
	2			

"安全防护设备"栏内填写与车辆有关的安全设备

停车场地情况

停车场地地址				
停车场地面积		所有权	自有□,租借□:期限____年	
拟投入车辆数量	剧毒化学品专用车辆	爆炸品专用车辆	罐式专用车辆	其他	合计
现场核查情况（此栏由受理申请机关填写）				

附件

附件1 危险货物道路运输企业行政许可

危货运输1表 第5页,共6页

拟聘用专职安全生产管理人员和从业人员情况							
序号	姓名	性别	年龄	岗位（工种）	取得相应驾驶证时间	从业资格证号	从业资格证类型
1							
2							
3							
4							
5							
6							
7							
8							
9							
10							
11							
12							
13							
14							
15							
16							
17							
18							
19							
20							
21							
22							
23							
24							
25							
26							
27							
28							
29							
30							

表格不够,可另附表填写

注：非驾驶人员不填写"取得相应驾驶证时间"栏。

申请材料核对表

请在所提供的申请材料后□内用"√"填注

□1.《道路危险货物运输经营申请表》(本表)。
□2.投资人、负责人身份证明及其复印件,经办人的身份证明及其复印件和授权委托书。
□3.企业章程文本。
□4.未购置专用车辆、设备的,应当提交拟投入危险货物道路运输车辆、设备承诺书。承诺书内容应当包括车辆数量、类型、技术等级、总质量、核定载质量、车轴数以及车辆外廓尺寸,通信工具和卫星定位装置配备,罐式专用车辆的罐体容积,罐式专用车辆罐体载货后的总质量与车辆核定载质量相匹配情况,运输剧毒化学品、爆炸品、易制爆危险化学品的专用车辆核定载质量等有关情况。已购置专用车辆、设备的,应当提交车辆行驶证、车辆技术等级证明或者车辆综合性能检测技术合格证明,通信工具和卫星定位装置配备,罐式专用车辆的罐体检测合格证或者检测报告及复印件等有关材料。
□5.拟聘用专职安全生产管理人员、驾驶人员、装卸管理人员、押运人员的,应当提交拟聘用承诺书,承诺期限不得超过1年;已聘用的应当提交从业资格证及其复印件以及驾驶证及其复印件。
□6.停车场地的土地使用证、租借合同、停车场地平面图、场地照片等材料。
□7.相关安全防护、环境保护、消防设施设备的配备情况清单。
□8.有关安全生产管理制度文本。

只有上述材料齐全有效后,你的申请才能受理。

声明

我声明本表及其他相关材料中提供的信息均真实可靠。
我知悉如此表中有故意填写的虚假信息,我取得的道路危险货物运输经营许可将被撤销。
我承诺将遵守《中华人民共和国道路运输条例》及其他有关道路运输法规、规章的规定。

负责人签名_____ 日期_____
负责人职位_____

附件

附件1 危险货物道路运输企业行政许可

附件1-2 投资人、负责人身份证明及其复印件

投资人、负责人基本情况

姓名		性别		出生年月	
职务				联系电话	
身份证明复印件(正面)					
身份证明复印件(反面)					

附件1-3　经办人授权委托书

经办人授权委托书

委托人姓名：_____
　身份证明类别：_____　身份证号码：_____
　联系地址：_____
　联系电话：_____　邮编：_____
　注：委托人指法定代表人或企业负责人。

被委托人姓名：_____
　身份证明类别：_____　身份证号码：_____
　联系地址：_____
　联系电话：_____　邮编：_____

现委托_____作为代理人，办理_____（申请企业名称）关于申请_____
_____（申请事项名称）的事宜，并对其所提交申请材料的准确性、真实性负法律责任。

　委托期限为：___年__月__日至___年__月__日。
　委托权限如下：

_____

_____。

　申请企业（公章）：_____　委托人（签字）：_____

委托日期：_____年___月___日

注：
1. 本委托书应完整填写，不得缺项；
2. 经办人为法定代表人本人的，不用提交本委托书，但应提交身份证明复印件；
3. 法定代表人委托他人办理的，须提交本委托书原件，及委托人、被委托人身份证明复印件；
4. 设立分公司的，委托人为分公司负责人。

附件
附件1 危险货物道路运输企业行政许可

附件1-4 企业章程文本

企业章程文本（范本）

依据《中华人民共和国公司法》《公司登记管理条例》及其他有关法律、法规的规定，由全体股东共同出资设立××××公司（以下简称"公司"），依法履行公司权利，承担公司义务，特制定本章程。本章程如与国家法律法规相抵触，以国家法律法规为准。

第一章 公司名称、住所和经营范围

第一条　公司名称：

第二条　公司住所：

第三条　公司经营范围：（以公司登记机关核准为准）

第四条　公司在××××市场监督管理局申请登记注册，公司合法权益受国家法律保护。公司为有限责任公司，实行独立核算、自主经营、自负盈亏。

股东以认缴的出资额为限对公司承担责任，公司以全部资产对公司的债务承担责任。

第二章 公司注册资本

第五条　公司的注册资本为在公司登记机关登记的全体股东认缴的出资额。

公司的注册资本为人民币____万元。

股东出资期限由股东自行约定，但不得超出公司章程规定的营业期限。

公司变更注册资本，必须召开股东会并由代表三分之二以上表决权的股东通过并作出决议。公司减少注册资本，应当自公告之日起45日后申请变更登记，并提交公司在报纸上登载公司减少注册资本公告的有关证明和公司债务清偿或者债务担保情况的说明。

第三章 股东名称或姓名、出资方式、出资额、出资时间

第六条　股东名称或姓名、出资方式、出资额、出资时间如下：

股东名称或者姓名：

证照号码：

资本金：

出资方式（金额：万元）：

出资比（%）：

出资时间：

货币金额：

实物金额：

无形金额：

其他金额：

合计金额：

××××认缴××××.××××.×××× 实缴××××.××××.××××

××××认缴××××.××××.×××× 实缴××××.××××.××××

第七条 股东可以用货币出资，也可以用实物、知识产权、土地使用权等可以用货币估价并可以依法转让的非货币财产作价出资；但是，法律、行政法规规定不得作为出资的财产除外。

对作为出资的非货币财产应当评估作价，核实财产，不得高估或者低估作价。法律、行政法规对评估作价有规定的，从其规定。

第八条 股东应当按期足额缴纳公司章程中规定的各自所认缴的出资额。股东不按照前款规定缴纳出资的，除应当向公司足额缴纳外，还应当向已按期足额缴纳出资的股东承担违约责任。

第九条 公司成立后，应向股东签发出资证明书。

第四章 股东的权利和义务

第十条 股东享有如下权利：

（一）参加或推选代表参加股东会并根据其出资份额享有表决权；

（二）了解公司经营状况和财务状况；

（三）选举和被选举为执行董事或监事；

（四）依照法律、法规和公司章程的规定获取股利并转让；

（五）优先购买其他股东转让的出资；

（六）优先购买公司新增的注册资本；

（七）公司终止后，依法分得公司的剩余财产；

（八）有权查阅股东会议记录和公司财务报告。

第十一条 股东承担以下义务：

（一）遵守公司章程；

（二）按期缴纳所认缴的出资；

（三）依所认缴的出资额承担公司的债务；

（四）在公司办理登记注册手续后，不得抽逃出资。

第五章 公司的股权转让

第十二条 公司的股东之间可以相互转让其全部或者部分股权。

股东向股东以外的人转让股权，应当经其他股东过半数同意。股东应就其股权转让事项书面通知其他股东征求同意，其他股东自接到书面通知之日起满三十日未答复的，视为同意转让。其他股东半数以上不同意转让的，不同意的股东应当购买该转让的股权；不购买的，视为同意转让。

经股东同意转让的股权，在同等条件下，其他股东有优先购买权。

两个以上股东主张行使优先购买权的，协商确定各自的购买比例；协商不成的，按照转让时各自的出资比例行使优先购买权，人民法院依照法律规定的强制执行程序转让股东的股权时，应当通知公司及全体股东，其他股东在同等条件下有优先购买权。其他股东自人民法院通知之日起满二十日不行使优先购买权的，视为放弃优先购买权。

第十三条　依照《中华人民共和国公司法》第七十一条、第七十二条转让股权后，公司应当注销原股东的出资证明书，向新股东签发出资证明书，并相应修改公司章程和股东名册中有关股东及其出资额的记载。对公司章程的该项修改不需再由股东会表决。

第十四条　出现下列情形之一的，对股东会该项决议投反对票的股东可以请求公司按照合理的价格收购其股权：

（一）公司连续五年不向股东分配利润，而公司该五年连续盈利，并且符合本法规定的分配利润条件的；

（二）公司合并、分立、转让主要财产的；

（三）公司章程规定的营业期限届满或者章程规定的其他解散事由出现，股东会会议通过决议修改章程使公司存续的。

自股东会会议决议通过之日起六十日内，股东与公司不能达成股权收购协议的，股东可以自股东会会议决议通过之日起九十日内向人民法院提起诉讼。

第十五条　自然人股东死亡后，其合法继承人可以继承股东资格。

第六章　公司的机构及其产生办法、职权、议事规则

第十六条　股东会由全体股东组成，是公司的权力机构，行使下列职权：

（一）决定公司的经营方针和投资计划；

（二）选举和更换非由职工代表担任的执行董事、监事，决定执行董事、监事的报酬事项；

（三）审议批准执行董事的报告；

（四）审议批准监事的报告；

（五）审议批准公司的年度财务预算方案、决算方案；

（六）审议批准公司的利润分配方案和弥补亏损方案；

（七）对公司增加或者减少注册资本作出决议；

（八）对发行公司债券作出决议；

（九）对公司合并、分立、解散、清算或者变更公司形式作出决议；

（十）修改公司章程。

第十七条　股东会的首次会议由出资最多的股东召集和主持。

第十八条　股东会会议由股东按照出资比例行使表决权。

第十九条　股东会会议分为定期会议和临时会议，并应当于会议召开十五日以前通知全体股东。定期会议应每半年召开一次，临时会议由代表十分之一以上表决权的股东或者监事提议方可召开。股东出席股东会议也可书面委托他人参加股东会议，行使委托书中载明的权利。

第二十条　股东会会议由执行董事召集并主持。执行董事因特殊原因不能履行职务时，由执行董事书面委托其他人召集并主持，被委托人全权履行执行董事的职权。

执行董事不能履行或者不履行召集股东会会议职责的，由公司监事召集和主持；监事不召集和主持的，代表十分之一以上表决权的股东可以自行召集和主持。

第二十一条　股东会会议应对所议事项作出决议，决议应由股东表决通过，股东会应当对所议事项的决定作出会议记录，出席会议的股东应当在会议记录上签名。

股东会会议作出修改公司章程、增加或者减少注册资本的决议，以及公司合并、分立、解散或者变更公司形式的决议，必须经代表三分之二以上表决权的股东通过；股东会作出其它决议，须经代表二分之一以上表决权的股东通过。

第二十二条　公司设执行董事一人，由股东会选举产生，对公司股东会负责。执行董事任期每届3年，任期届满，可连选连任。执行董事符合《中华人民共和国公司法》规定的任职资格，在任期届满前，股东会不得无故解除其职务。

第二十三条　执行董事对股东会负责，行使下列职权：

（一）召集和主持股东会会议，并向股东会报告工作；

（二）执行股东会的决议；

（三）决定公司的经营计划和投资方案；

（四）制订公司的年度财务预算方案、决算方案；

（五）制订公司的利润分配方案和弥补亏损方案；

（六）制订公司增加或者减少注册资本以及发行公司债券的方案；

（七）制订公司合并、分立、解散或者变更公司形式的方案；

（八）决定公司内部管理机构的设置；

（九）决定聘任或者解聘公司经理及其报酬事项，并根据经理的提名决定聘任或者解聘公司副经理、财务负责人及其报酬事项；

（十）制定公司的基本管理制度。

第二十四条　公司设经理一人，由执行董事聘任和解聘。经理符合《中华人民共和国公司法》规定的任职资格，对执行董事负责，行使下列职权：

（一）主持公司的生产经营管理工作，组织实施执行董事的决定；

（二）组织实施公司年度经营计划和投资方案；

（三）拟订公司内部管理机构设置方案；

（四）拟订公司的基本管理制度；

（五）制定公司的具体规章；

（六）提请聘任或者解聘公司副经理、财务负责人；
（七）决定聘任或者解聘除应由执行董事决定聘任或者解聘以外的负责管理人员；
（八）执行董事授予的其他职权。
经理列席股东会会议。

第二十五条 执行董事（或经理）为本公司法定代表人。法定代表人行使下列职权：
（一）代表公司对外签署有关文件；
（二）检查股东决定的落实情况，并向股东报告；
（三）在发生战争、特大自然灾害等紧急情况下，在符合公司利益的前提下，对公司事务行使特别裁决权，并事后向股东报告。

第二十六条 公司设监事一人，由公司股东会选举产生，对公司股东会负责。监事任期每届3年，任期届满，可连选连任。监事符合《中华人民共和国公司法》规定的任职资格，行使下列职权：
（一）检查公司财务；
（二）对执行董事、高级管理人员执行公司职务的行为进行监督，对违反法律、行政法规、公司章程或者股东会决议的执行董事、高级管理人员提出罢免的建议；
（三）当执行董事、高级管理人员的行为损害公司的利益时，要求执行董事、高级管理人员予以纠正；
（四）提议召开临时股东会会议，在执行董事不履行本法规定的召集和主持股东会会议职责时召集和主持股东会会议；
（五）向股东会会议提出提案；
（六）依照《中华人民共和国公司法》第一百五十一条的规定，对执行董事、高级管理人员提起诉讼；
（七）公司章程规定的其他职权。
监事列席股东会会议。

第二十七条 公司执行董事、经理、财务负责人不得兼任公司监事。

第七章 财务、会计、利润分配及劳动用工制度

第二十八条 公司应当依照法律、行政法规和国务院财政主管部门的规定建立本公司的财务、会计制度，并应在每一会计年度终了时制作财务会计报告，并应于第二年三月三十一日前送交各股东。

第二十九条 公司利润分配按照《中华人民共和国公司法》及有关法律、法规，国务院财政主管部门的规定执行。

第三十条 劳动用工制度按国家法律、法规及国务院劳动部门的有关规定执行。

第八章 公司的解散事由与清算办法

第三十一条 公司的营业期限为__年,从营业执照签发之日起计算(或公司营业期限为长期)。

公司章程规定的营业期限届满或者公司章程规定的其他解散事由出现,可以通过修改公司章程而存续,但须经持有三分之二以上表决权的股东通过。

第三十二条 公司有下列情形之一的,可以解散:

(一)公司章程规定的营业期限届满或者公司章程规定的其他解散事由出现;

(二)股东会决议解散;

(三)因公司合并或者分立需要解散;

(四)依法被吊销营业执照、责令关闭或者被撤销;

(五)人民法院依照《中华人民共和国公司法》第一百八十二条的规定予以解散。

第三十三条 公司解散时,应依《中华人民共和国公司法》的规定成立清算组对公司进行清算。清算组应当在成立之日起10日内将清算组成员、清算组负责人名单向公司登记机关办理备案。

第三十四条 清算组自成立之日起十日内通知债权人,于六十日内在报纸上公告。债权人应当自接到通知书之日起三十日内,未接到通知书的自公告之日起四十五日内,向清算组申报债权。在申报债权期间,清算组不得对债权人进行清偿。

第三十五条 清算组在清算期间行使下列职权:

(一)清理公司财产,分别编制资产负债表和财产清单;

(二)通知、公告债权人;

(三)处理与清算有关的公司未了结的业务;

(四)清缴所欠税款以及清算过程中产生的税款;

(五)清理债权、债务;

(六)处理公司清偿债务后的剩余财产;

(七)代表公司参与民事诉讼活动。

第三十六条 清算组在清理公司财产、编制资产负债表和财产清单后,应当制定清算方案,并报股东会或者人民法院确认。

公司财产在分别支付清算费用、职工的工资、社会保险费用和法定补偿金,缴纳所欠税款,清偿公司债务后的剩余财产,按照股东的出资比例分配,清算期间,公司存续,但不得开展与清算无关的经营活动。公司财产在未按前款规定清偿前,不得分配给股东。

第三十七条 清算组在清理公司财产、编制资产负债表和财产清单后,发现公司财产不足清偿债务的,应当依法向人民法院申请宣告破产。

公司经人民法院裁定宣告破产后,清算组应当将清算事务移交给人民法院。

公司清算结束后,清算组应当制作清算报告,报股东会或者人民法院确认,并报送公司登记机关，申请注销公司登记，公告公司终止。

第九章 股东认为需要规定的其他事项

第三十八条 公司章程所列条款及其他未尽事项均以国家现行的法律、法规为准则。根据需要或涉及公司登记事项变更的可修改公司章程，经股东表决通过，修改后的公司章程不得与法律、法规相抵触。修改后的公司章程应送原公司登记机关备案，涉及变更登记事项的，同时应向公司登记机关申请变更登记。

第三十九条 公司章程的解释权属于股东会。

第四十条 公司登记事项以公司登记机关核定的为准。

第四十一条 本章程经各方出资人共同订立，自公司全体股东（或法定代表人）签署之日起生效。

第四十二条 本章程一式__份，公司留存一份，各股东留存一份，报公司登记机关备案一份。

全体股东盖章（非自然人股东）或签名（自然人股东）：

法定代表人签名：

时间：

附件1-5 拟投入危险货物道路运输车辆、设备承诺书

拟投入危险货物道路运输车辆、设备承诺书

_____：

根据《中华人民共和国道路运输条例》和《道路危险货物运输管理规定》的有关规定，成立危险货物道路运输经营企业须自有专用车辆（挂车除外）5辆以上，运输剧毒化学品、爆炸品的，自有专用且经检测合格的运输车辆（挂车除外）10辆以上。我单位承诺在《道路运输经营许可证》核发之日起1年内，投入符合以上条件的自有运输车辆，并办理车辆《道路运输证》。

承诺投入危险货物运输车辆情况

序号	厂牌型号	数量	车辆类型	车辆技术等级	总质量(t)	核定载质量(t)	车轴数	车辆外廓长宽高(cm)	罐体容积(L)	拟用罐式车辆运输的危险货物中密度最大的货物品名及密度(kg/m³)	是否配备有效通信工具	是否安装具有行驶记录功能的卫星定位装置
1												
2												
3												
4												
5												
6												

申告：上述承诺如未能准时完成，承诺人自愿撤回危险货物道路运输□经营/□非经营或_____许可项目的申请，接受许可机关的撤销许可决定。

承　诺　人：　　　　　（盖章）

承诺日期：

附件

附件1　危险货物道路运输企业行政许可

已购置危险货物运输车辆清册及材料

序号	厂牌型号	数量	车辆类型	车辆技术等级	总质量(t)	核定载质量(t)	车轴数	车辆外廓长宽高（cm）	罐体容积（L）	拟用罐式车辆运输的危险货物中密度最大的货物品名及密度（kg/m³）	是否配备有效通信工具	是否安装具有行驶记录功能的卫星定位装置
1												
2												
3												
4												
5												

注：后附材料包括车辆行驶证、车辆技术等级证明或者车辆综合性能检测技术合格证明及其复印件，通信工具和卫星定位装置配备证明，罐式专用车辆的罐体检测合格证或检测报告及复印件等有关材料。

附件1-6 拟聘用危险货物运输从业人员承诺书

拟聘用危险货物运输从业人员承诺书

_____：

  根据《中华人民共和国道路运输条例》《道路危险货物运输管理规定》等有关规定，成立危险货物道路运输（经营）企业须配备与经营业务、规模相适应的专职安全生产管理人员、专职动态监控人员以及取得相应从业资格证的驾驶人员、押运人员、装卸管理人员。我单位承诺在《道路运输经营许可证》核发之日起1年内，按规定配备，并与聘用人员签订合法有效的劳动合同。

  申告：上述承诺如未能准时完成，承诺人自愿撤回危险货物道路运输□经营/□非经营或_____许可项目的申请，接受许可机关的撤销许可决定。

承 诺 人： （盖章）
承诺日期：

附件1-7 停车场地的土地使用证、租借合同、停车场地平面图、场地照片等材料

国有土地使用证复印件

土地使用者			
座　　落			
地　　号		图　号	
用　　途		土地等级	
使用权类型		终止日期	
使用权面积			
其中共用分摊面积			
填证机关	（章） 年　月　日		

租借合同复印件(范本)

租 借 合 同

甲方：××××有限公司

乙方：××××汽车货运有限公司

为了更好地发挥各自优势，进一步符合市场经济规律，取得最大限度经济效益，经甲乙双方协商，一致协议如下：

一、甲方出租三楼办公室6间（即301-306室），计520m²，作为乙方办公室，以及楼下一块专用停车场地，计358m²，供乙方货车停放。合计租赁费为每年人民币××万元整。

二、租赁期为2023年8月19日—2026年8月18日。

三、有其他未尽事宜，由双方协商解决。

四、本协议一式二份，双方各执一份。

甲方：

乙方：

2023年8月19日

附件

附件1 危险货物道路运输企业行政许可

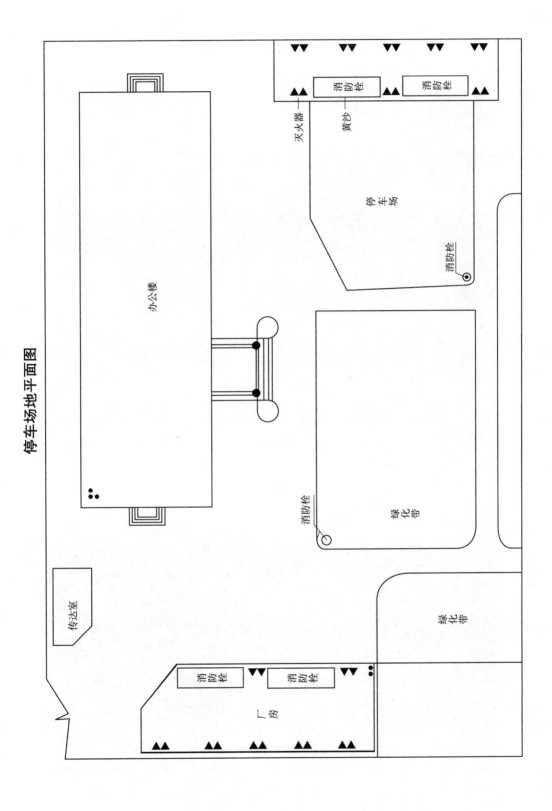

场地照片

附件1-8 相关安全防护、环境保护、消防设施设备的配备情况清单

安全防护、环境保护、消防设施设备清单

设备类型	设备名称	数量
安全防护设备		
环境保护设备		
消防设施设备		
其他设施设备		

附件1-9 交通行政许可申请不予受理决定书

交通行政许可申请不予受理决定书
编号：

_____：

  你于_____年__月__日提出_____申请。

  经审查，该申请事项不属于本行政机关职权范围，建议向_____提出申请。

  根据《中华人民共和国行政许可法》第三十二条的规定，决定对你提出的申请不予受理。

  申请人如对本决定不服，可以在收到本决定书之日起60日内向_____申请复议，也可以在收到本决定书之日起3个月内直接向人民法院提起行政诉讼。

  特此通知。

许可机关（印章）
年　月　日

附件1-10 交通行政许可申请补正通知书

交通行政许可申请补正通知书

编号：

_____：

  你于_____年__月__日提出_____申请。

  根据《中华人民共和国行政许可法》第三十二条第一款第（四）项的规定，请你对申请材料作如下补正：_____
_____
_____。

  特此通知。

许可机关（印章）

年　月　日

附件1-11 道路危险货物运输申请表

道路危险货物运输申请表

危货运输2表　第1页,共6页

受理申请机关专用	
道路危险货物运输申请表	

说明

1. 本表根据《道路危险货物运输管理规定》制作,申请使用自备车辆从事为本单位服务的非经营性道路危险货物运输应当向所在地设区的市级交通运输主管部门提出申请,填写本表,并同时提交其他相关材料(材料要求见第6页)。
2. 本表可向交通运输主管部门免费索取,也可自行从交通运输部网站(www.mot.gov.cn)下载打印。
3. 本表需用钢笔填写或者计算机打印,请用正楷,要求字迹工整。

申请人基本信息

单位名称＿＿＿＿＿＿＿＿＿＿＿＿＿＿＿＿＿＿＿＿＿＿＿＿＿＿＿
　　要求填写单位全称或单位预先核准全称
负责人姓名＿＿＿＿＿＿＿＿＿＿　经办人姓名＿＿＿＿＿＿＿＿＿＿
通　信　地　址＿＿＿＿＿＿＿＿＿＿＿＿＿＿＿＿＿＿＿＿＿＿＿＿
邮　　　编＿＿＿＿＿＿＿＿＿＿　电　　　话＿＿＿＿＿＿＿＿＿＿
手　　　机＿＿＿＿＿＿＿＿＿＿　电 子 邮 箱＿＿＿＿＿＿＿＿＿＿

申请许可内容(首次申请道路危险货物运输的填写)

一、类别

☐第1类　　　　☐第2类　　　　☐第3类　　　　☐第4类
☐第5类　　　　☐第6类　　　　☐第8类　　　　☐第9类
☐剧毒化学品　　☐医疗废物　　　☐危险废物

二、项别(剧毒化学品除外)

☐1.1项　　　　☐1.2项　　　　☐1.3项　　　　☐1.4项
☐1.5项　　　　☐1.6项　　　　☐2.1项　　　　☐2.2项
☐2.3项　　　　☐4.1项　　　　☐4.2项　　　　☐4.3项
☐5.1项　　　　☐5.2项　　　　☐6.1项　　　　☐6.2项

三、品名【如是剧毒化学品,应在品名后括号标注"剧毒",例如"液氯(剧毒)"】
＿＿＿＿＿＿＿＿＿＿＿＿＿＿＿＿＿＿＿＿＿＿＿＿＿＿＿＿＿＿＿

注:1.勾选某类运输范围的,不必再勾选该类内的项别,反之亦然;按品名申请的,不必勾选该品名对应的类别或项别(下同)。
　　2.如许可内容没有剧毒化学品,要在《道路危险货物运输许可证》运输范围内标注"剧毒化学品除外"。

附件

附件1 危险货物道路运输企业行政许可

危货运输2表 第2页,共6页

申请许可内容(申请扩大道路危险货物运输范围的填写)

1.现从事的道路危险货物运输范围

一、类别

☐第1类　　　　☐第2类　　　　☐第3类　　　　☐第4类
☐第5类　　　　☐第6类　　　　☐第8类　　　　☐第9类
☐剧毒化学品　　☐医疗废物　　　☐危险废物

二、项别(剧毒化学品除外)

☐1.1项　　　　☐1.2项　　　　☐1.3项　　　　☐1.4项
☐1.5项　　　　☐1.6项　　　　☐2.1项　　　　☐2.2项
☐2.3项　　　　☐4.1项　　　　☐4.2项　　　　☐4.3项
☐5.1项　　　　☐5.2项　　　　☐6.1项　　　　☐6.2项

三、品名【如是剧毒化学品,应在品名后括号标注"剧毒",例如"液氯(剧毒)"】

_____

2.拟申请的道路危险货物运输范围

一、类别

☐第1类　　　　☐第2类　　　　☐第3类　　　　☐第4类
☐第5类　　　　☐第6类　　　　☐第8类　　　　☐第9类
☐剧毒化学品　　☐医疗废物　　　☐危险废物

二、项别(剧毒化学品除外)

☐1.1项　　　　☐1.2项　　　　☐1.3项　　　　☐1.4项
☐1.5项　　　　☐1.6项　　　　☐2.1项　　　　☐2.2项
☐2.3项　　　　☐4.1项　　　　☐4.2项　　　　☐4.3项
☐5.1项　　　　☐5.2项　　　　☐6.1项　　　　☐6.2项

三、品名【如是剧毒化学品,应在品名后括号标注"剧毒",例如"液氯(剧毒)"】

_____

危货运输2表 第3页,共6页

危险货物运输车辆信息

已购置危险货物运输车辆情况

序号	厂牌型号	数量	车辆类型	车辆技术等级	总质量(t)	核定载质量(t)	车轴数	车辆外廓长宽高(cm)	罐体容积(L)	拟用罐式车辆运输的危险货物中密度最大的货物品名及密度(kg/m³)	是否配备有效通信工具	是否安装具有行驶记录功能的卫星定位装置
1												
2												
3												
4												
5												
6												

表格不够,可另附表填写

拟购置危险货物运输车辆情况

序号	厂牌型号	数量	车辆类型	车辆技术等级	总质量(t)	核定载质量(t)	车轴数	车辆外廓长宽高(cm)	罐体容积(L)	拟用罐式车辆运输的危险货物中密度最大的货物品名及密度(kg/m³)	是否配备有效通信工具	是否安装具有行驶记录功能的卫星定位装置
1												
2												
3												
4												
5												
6												

表格不够,可另附表填写

附件

附件1 危险货物道路运输企业行政许可

危货运输2表　第4页,共6页

如申请扩大经营范围,请填写"现有危险货物运输车辆情况"表。

现有危险货物运输车辆情况

序号	道路运输证号	厂牌型号	车牌号	车辆类型	车辆技术等级	总质量(t)	核定载质量(t)	车轴数	车辆外廓长宽高(cm)	罐体容积(L)	拟用罐式车辆运输的危险货物中密度最大的货物品名及密度(kg/m³)	是否配备有效通信工具	是否安装具有行驶记录功能的卫星定位装置
1													
2													
3													
4													
5													
6													

表格不够,可另附表填写

设备情况

		配备情况	所有权	现场核查情况(此栏由受理申请机关填写)
环境保护设备	1			
	2			
消防设施设备				
安全防护设备	1			
	2			

"安全防护设备"栏内填写与车辆有关的安全设备

办公场地和停车场地情况

办公场地地址			
办公场地面积		所有权	自有□,租借□:期限____年
停车场地地址			
停车场地面积		所有权	自有□,租借□:期限____年

拟投入车辆数量	剧毒化学品专用车辆	爆炸品专用车辆	罐式专用车辆	其他	合计

现场核查情况(此栏由受理申请机关填写)	

危货运输2表　第5页,共6页

序号	姓名	性别	年龄	岗位（工种）	取得相应驾驶证时间	从业资格证号	从业资格证类型
1							
2							
3							
4							
5							
6							
7							
8							
9							
10							
11							
12							
13							
14							
15							
16							
17							
18							
19							
20							
21							
22							
23							
24							
25							
26							
27							
28							
29							
30							

表格不够,可另附表填写

注:非驾驶人员不填写"取得相应驾驶证时间"栏。

附件

附件1 危险货物道路运输企业行政许可

申请材料核对表

请在所提供的申请材料后□内用"√"填注

□1.《道路危险货物运输申请表》(本表)。
□2.下列形式之一的单位基本情况证明：
　　(1)省级以上安全生产监督管理部门颁发的危险化学品生产、使用许可证明材料；
　　(2)能证明科研、军工等企事业单位性质或者业务范围的有关材料。
□3.特殊运输需求的说明材料。
□4.经办人的身份证明及其复印件，所在单位的授权委托书。
□5.未购置专用车辆、设备的，应当提交拟投入危险货物道路运输车辆、设备承诺书。承诺书内容应当包括车辆数量、类型、技术等级、总质量、核定载质量、车轴数以及车辆外廓尺寸，通信工具和卫星定位装置配备，罐式专用车辆的罐体容积，罐式专用车辆罐体载货后的总质量与车辆核定载质量相匹配情况，运输剧毒化学品、爆炸品、易制爆危险化学品的专用车辆核定载质量等有关情况。已购置专用车辆、设备的，应当提交车辆行驶证、车辆技术等级证明或者车辆综合性能检测技术合格证明，通信工具和卫星定位装置配备，罐式专用车辆的罐体检测合格证或者检测报告及复印件等有关材料。
□6.拟聘用专职安全生产管理人员、驾驶人员、装卸管理人员、押运人员的，应当提交拟聘用承诺书，承诺期限不得超过1年；已聘用的应当提交从业资格证及其复印件以及驾驶证及其复印件。
□7.停车场地的土地使用证、租借合同、停车场地平面图、场地照片等材料。
□8.相关安全防护、环境保护、消防设施设备的配备情况清单。
□9.有关安全生产管理制度文本。
只有上述材料齐全有效后，你的申请才能受理。

声明

我声明本表及其他相关材料中提供的信息均真实可靠。
我知悉如此表中有故意填写的虚假信息，我取得的道路危险货物运输经营许可将被撤销。
我承诺将遵守《中华人民共和国道路运输条例》及其他有关道路运输法规、规章的规定。

负责人签名_____　日期_____
负责人职位_____

附件1-12　省级以上应急管理部门颁发的危险化学品生产、使用等证明

应急管理部门颁发的危险化学品生产、使用证明

附件1-13　交通行政许可申请受理通知书

交通行政许可申请受理通知书

编号：

_____：

你于_____年__月__日提出_____申请。

经审查，该申请事项属于本行政机关职权范围，申请材料符合法定的要求和形式，根据《中华人民共和国行政许可法》第三十二条的规定，决定予以受理。

许可机关(印章)
年　月　日

附件1-14 交通行政许可事项审查意见书

交通行政许可事项审查意见书

编号：

许可事项			受理时间	
			受理人	
	单位名称		法定代表人（负责人）	
	地址		委托代理人	
审查情况及审查意见	经审查，××××(申请人)提供的车辆、办公场地、停车场地及其他台账资料，符合危险货物道路运输项目许可条件，拟许可经营范围为："危险品×类×项，×类×项，×类"。 受理时间：			经办人员： 传递时间：
部门负责人审核意见	拟同意申请。 受理时间：			签名： 传递时间：
单位负责人审批意见	同意申请。 受理时间：			签名： 传递时间：
备注				

附件1-15 交通行政许可文书(证件)送达回证

交通行政许可文书(证件)送达回证

编号：

案由				
受送达单位				
送达地点				
送达文书	送达人	收到日期	收件人签名或盖章	备注
交通行政许可申请受理通知书				
交通行政许可申请材料清单				
准予交通行政许可决定书				
道路运输许可证件				
备注 （有关凭证）				

注：法人组织委托业务人员签收，应当持《授权委托书》，并填注代收理由。

附件1-16 交通行政许可现场核查笔录

交通行政许可现场核查笔录

____年__月__日__时__分　　地点_____

询问人_____　　记录人_____

被询问人_____　　身份证号码_____

所在单位_____　　职务_____

地址_____　　邮编_____　电话_____

我们是××××执法人员,执法证号码是××××,××××。现就你企业(单位)申请<u>从事危险货物道路运输经营项目许可事项进行核查,请如实回答</u>。

问:请介绍一下你企业(单位)名称及地址,拟申请许可事项。

答:<u>公司名称:××××;注册地址:××××;拟申请从事危险货物道路运输经营项目范围:危险品5类1项,6类1项,8类。</u>

问:请介绍一下你企业(单位)专职安全生产管理人员、专职动态监控人员、驾驶人员、押运人员、装卸管理人员等相关从业人员情况。

答:<u>我公司为配套危险货物道路运输,首批计划新增危险货物运输车辆6辆。拟聘用危险货物运输专职安全生产管理人员1人,专职动态监控人员2人,驾驶人员6人,押运人员6人,全部持证(培训)上岗,符合危险货物道路运输从业人员资质要求。</u>

问:请介绍一下你企业(单位)配备专用停车场地、办公场地情况。

答:<u>我公司于××××租用停车及办公场地,其中300m^2用于办公场地,800m^2用于危险货物运输车辆停车场,停车场按要求配备了消防设施设备及警示标志。</u>

问:你企业(单位)相关设施设备情况如何?

答:<u>我公司目前配备了干粉灭火器10个,二氧化碳灭火器10个,黄沙桶(箱)4个,手推式灭火器4个,警示牌6块,消防铲4把。</u>

询问人签字:

记录人签字:

被询问人签字:　　　　　　　　　日期:

第1页　共2页

问:你企业(单位)是否制定有健全的安全生产管理制度和动态监控管理制度?

答:我公司目前已制定安全生产管理制度文本,包括企业主要负责人、安全管理部门负责人、专职安全生产管理人员、从业人员安全生产责任制;安全生产监督检查制度;安全生产教育培训制度;从业人员、专用车辆、设备及停车场地安全管理制度;应急救援预案;安全生产作业规程;安全生产考核与奖惩制度;安全事故报告、统计与处理等制度;动态监控管理制度文本,包括系统平台的建设、维护和管理制度,车载终端安装、使用及维护制度,监控人员岗位职责及管理制度,交通违法动态信息处理和统计分析制度等。

问:还有什么要补充的吗?

答:没有了。

问:对以上记录核对无误后请签字。

询问人签字:

记录人签字:

被询问人签字:　　　　　　日期:

附件1-17 交通行政许可事项核查意见书

交通行政许可事项核查意见书

案号：

核查内容				核查人员	
核查时间				核查地点	
核查情况					
材料清单	序号		名称		
	1				
	2				
	3				
	4				
核查意见					

核查人员签名：

附件1-18 交通行政许可告知听证权利书

交通行政许可告知听证权利书

编号：

_____：

申请人_____于_____年__月__日提出_____申请。经审查,该申请事项可能与你(单位)有重大利益关系。根据《中华人民共和国行政许可法》第四十七条的规定,现将该申请事项告知你(单位),你(单位)可以要求对此申请举行听证。接到该通知书之日起5日内如未提出听证申请的,视为放弃此权利。

本机关地址：_____

联系人：_____

联系方式：_____

特此告知。

附：申请书及必要的相关申请材料(复印件)

许可机关(印章)

年 月 日

附件1-19 公示

公　示

编号：

　　_____于_____年_月_日提出_____申请。经审查，申请基本符合_____的规定，拟准予危险货物道路运输行政许可。现予以公示：

1. 运输危险货物的类别、项别或品名（如是剧毒化学品应标注"剧毒"）：×类×项，×类×项，×类

2. 专用车辆数量及要求：××辆××车型

3. 运输性质（经营性或非经营性）：××性

4. 经营注册地址：×××××××

5. 停车场地地址：×××××××

公示时间为7个工作日，从_____年_月_日起。经公示如无异议或有异议经核对符合开办条件的，予以办理(换发)《道路运输经营许可证》(或《道路危险货物运输许可证》)；如经公示有异议并核对不符合开办条件的，将不予许可，并出具《不予交通行政许可决定书》。

监督投诉电话：_____

许可机关（印章）
年　月　日

抄送：(辖区相关县区级交通运输主管部门)

附件1-20　道路危险货物运输行政许可决定书

道路危险货物运输行政许可决定书

编号：

_____：

　　你于_____年__月__日提出_____申请。

　　经审查,你的申请符合《中华人民共和国道路运输条例》和《道路危险货物运输管理规定》的规定,决定准予道路危险货物运输行政许可。请按下列要求从事道路危险货物运输活动：

　　运输危险货物的类别、项别或品名(如是剧毒化学品应标注"剧毒")：×类×项,×类×项,×类

　　专用车辆数量及要求：××辆,符合《道路危险货物运输管理规定》和《危险货物道路运输规则》的规定

　　运输性质(经营性或非经营性)：××性

　　请于_____年__月__日去××××××领取(换发)《道路运输经营许可证》(或《道路危险货物运输许可证》),并于_____年__月__日前按上述要求落实拟投入车辆承诺书,然后办理相关手续。在确定的时间内未按许可要求落实拟投入车辆承诺书的,将撤销本行政许可。

许可机关(印章)
年　月　日

附件1-21 道路危险货物运输行政许可决定书（剧毒化学品）

道路危险货物运输行政许可决定书

编号：

_____：

  你于_____年__月__日提出_____申请。

  经审查,你的申请符合《中华人民共和国道路运输条例》和《道路危险货物运输管理规定》的规定,决定准予道路危险货物运输行政许可。请按下列要求从事道路危险货物运输活动：

  运输危险货物的类别、项别或品名(如是剧毒化学品应标注"剧毒")：×类×项,剧毒专用车辆数量及要求：××辆,符合《道路危险货物运输管理规定》和《危险货物道路运输规则》的规定

  运输性质(经营性或非经营性)：××性

  请于_____年__月__日去_____领取(换发)《道路运输经营许可证》(或《道路危险货物运输许可证》),并于_____年__月__日前按上述要求落实拟投入车辆承诺书,然后办理相关手续。在确定的时间内未按许可要求落实拟投入车辆承诺书的,将撤销本行政许可。

许可机关(印章)
年　月　日

  注：在填写拟许可经营范围时,应根据业户申请填写类别、项别或品名,并标注"剧毒"。

附件1-22 不予交通行政许可决定书

不予交通行政许可决定书

编号：

_____：

  你于_____年__月__日提出_____申请。

  经审查，你的申请存在_____问题，不符合_____的规定，根据《中华人民共和国行政许可法》第三十八条第二款的规定，决定不予交通行政许可。

  申请人如对本决定不服，可以在收到本决定书之日起60日内向_____申请复议，也可以在收到本决定书之日起3个月内直接向人民法院提起行政诉讼。

许可机关（印章）
年　月　日

说明：本决定书为复议、诉讼的依据。一式两份，一份送达申请人，一份存档。

附件1-23 危险货物道路运输企业分公司备案登记表

危险货物道路运输企业分公司备案登记表

危货运输1表　第1页,共6页

受理机关专用
危险货物道路运输企业分公司备案登记表

说明
本表需用钢笔填写或者计算机打印,请用正楷,要求字迹工整。

备案人基本信息
总公司名称_____
　　　　　要求填写企业(公司)全称
法定代表人姓名_____　经办人姓名_____
通信地址_____
邮　　编_____　电　话_____
手　　机_____　电子邮箱_____
备案分公司名称_____
分公司经营地址_____
联系人姓名_____　邮　编_____
电　　话_____　手　机_____　电子邮箱_____

备案经营内容(首次申请危险货物道路运输经营的填写)
一、类别
　□第1类　　　□第2类　　　□第3类　　　□第4类
　□第5类　　　□第6类　　　□第8类　　　□第9类
　□剧毒化学品　□医疗废物　　□危险废物
二、项别(剧毒化学品除外)
　□1.1项　　　□1.2项　　　□1.3项　　　□1.4项
　□1.5项　　　□1.6项　　　□2.1项　　　□2.2项
　□2.3项　　　□4.1项　　　□4.2项　　　□4.3项
　□5.1项　　　□5.2项　　　□6.1项　　　□6.2项
三、品名【如是剧毒化学品,应在品名后括号标注"剧毒",例如"液氯(剧毒)"】
_____
注:1.勾选某类经营范围的,不必再勾选该类内的项别,反之亦然;按品名申请的,不必勾选该品名对应的类别或项别(下同)。
　　2.如许可内容没有剧毒化学品,要在《道路运输经营许可证》经营范围内标注"剧毒化学品除外"。

附件

附件1　危险货物道路运输企业行政许可

危货运输1表　第2页,共6页

备案经营内容(申请扩大危险货物道路运输经营范围的填写)

1.现从事的危险货物道路运输经营范围

一、类别

☐第1类　　　　☐第2类　　　　☐第3类　　　　☐第4类
☐第5类　　　　☐第6类　　　　☐第8类　　　　☐第9类
☐剧毒化学品　　☐医疗废物　　　☐危险废物

二、项别(剧毒化学品除外)

☐1.1项　　☐1.2项　　☐1.3项　　☐1.4项
☐1.5项　　☐1.6项　　☐2.1项　　☐2.2项
☐2.3项　　☐4.1项　　☐4.2项　　☐4.3项
☐5.1项　　☐5.2项　　☐6.1项　　☐6.2项

三、品名【如是剧毒化学品,应在品名后括号标注"剧毒",例如"液氯(剧毒)"】

_____

2.拟备案的危险货物道路运输经营范围

一、类别

☐第1类　　　　☐第2类　　　　☐第3类　　　　☐第4类
☐第5类　　　　☐第6类　　　　☐第8类　　　　☐第9类
☐剧毒化学品　　☐医疗废物　　　☐危险废物

二、项别(剧毒化学品除外)

☐1.1项　　☐1.2项　　☐1.3项　　☐1.4项
☐1.5项　　☐1.6项　　☐2.1项　　☐2.2项
☐2.3项　　☐4.1项　　☐4.2项　　☐4.3项
☐5.1项　　☐5.2项　　☐6.1项　　☐6.2项

三、品名【如是剧毒化学品,应在品名后括号标注"剧毒",例如"液氯(剧毒)"】

_____

危险货物运输车辆信息

已购置危险货物运输车辆情况

序号	厂牌型号	数量	车辆类型	车辆技术等级	总质量(t)	核定载质量(t)	车轴数	车辆外廓长宽高(cm)	罐体容积(L)	拟用罐式车辆运输的危险货物中密度最大的货物品名及密度(kg/m³)	是否配备有效通信工具	是否安装具有行驶记录功能的卫星定位装置
1												
2												
3												
4												
5												

表格不够,可另附表填写

拟购置危险货物运输车辆情况

序号	厂牌型号	数量	车辆类型	车辆技术等级	总质量(t)	核定载质量(t)	车轴数	车辆外廓长宽高(cm)	罐体容积(L)	拟用罐式车辆运输的危险货物中密度最大的货物品名及密度(kg/m³)	是否配备有效通信工具	是否安装具有行驶记录功能的卫星定位装置
1												
2												
3												
4												
5												

表格不够,可另附表填写

如申请扩大经营范围,请填写"现有危险货物运输车辆情况"表。

现有危险货物运输车辆情况

序号	道路运输证号	厂牌型号	车牌号	车辆类型	车辆技术等级	总质量(t)	核定载质量(t)	车轴数	车辆外廓长宽高(cm)	罐体容积(L)	拟用罐式车辆运输的危险货物中密度最大的货物品名及密度(kg/m³)	是否配备有效通信工具	是否安装具有行驶记录功能的卫星定位装置
1													
2													
3													
4													
5													
6													

表格不够,可另附表填写

设备情况

		配备情况	所有权	现场核查情况(此栏由受理申请机关填写)
环境保护设备	1			
	2			
消防设施设备				
安全防护设备	1			
	2			

"安全防护设备"栏内填写与车辆有关的安全设备

停车场地情况

停车场地地址				
停车场地面积		所有权	自有□,租借□:期限__年	
拟投入车辆数量	剧毒化学品专用车辆	爆炸品专用车辆	罐式专用车辆	其他	合计
现场核查情况(此栏由受理申请机关填写)				

危货运输1表　第5页,共6页

拟聘用专职安全生产管理人员、监控人员和从业人员情况							
序号	姓名	性别	年龄	岗位 （工种）	取得相应 驾驶证时间	从业资格证号	从业资格证类型
1							
2							
3							
4							
5							
6							
7							
8							
9							
10							
11							
12							
13							
14							
15							
16							
17							
18							
19							
20							
21							
22							
23							
24							
25							
26							
27							
28							
29							
30							

表格不够,可另附表填写

注:非驾驶人员不填写"取得相应驾驶证时间"栏。

附件

附件1 危险货物道路运输企业行政许可

危货运输1表 第6页,共6页

备案材料核对表

请在所提供的备案材料前□内用"√"填注

□1.《危险货物道路运输企业分公司备案登记表》(本表)。
□2.总公司企业法人营业执照复印件。
□3.总公司《道路运输经营许可证》正本复印件和副本原件。
□4.分公司《法人营业执照》复印件。
□5.分公司负责人身份证明及其复印件,经办人的身份证明及其复印件和授权委托书。
□6.总公司所在地交通运输主管部门出具的《关于同意××××设立分公司的函》(总公司与分公司不属同一交通运输主管部门的提交)。
□7.未购置专用车辆、设备的,应当提交拟投入危险货物道路运输车辆、设备承诺书。承诺书内容应当包括车辆数量、类型、技术等级、总质量、核定载质量、车轴数以及车辆外廓尺寸,通信工具和卫星定位装置配备,罐式专用车辆的罐体容积,罐式专用车辆罐体载货后的总质量与车辆核定载质量相匹配情况,运输剧毒化学品、爆炸品、易制爆危险化学品的专用车辆核定载质量等有关情况。已购置专用车辆、设备的,应当提供车辆行驶证、车辆技术等级评定结论,通信工具和卫星定位装置配备,罐式专用车辆的罐体检测合格证或者检测报告及复印件等有关材料。
□8.拟聘用专职安全生产管理人员、驾驶人员、装卸管理人员、押运人员的,应当提交拟聘用承诺书,承诺期限不得超过1年;已聘用的人员应当提交相关从业资格证及其复印件,驾驶人员的驾驶证及其复印件。
□9.停车场地的土地使用证、租借合同、停车场地平面图、场地照片等材料。
□10.相关安全防护、环境保护、消防设施设备的配备情况清单及证明材料。
□11.有关安全生产管理制度文本。

声明

我声明本表及其他相关材料中提供的信息均真实可靠。
我承诺将遵守《中华人民共和国道路运输条例》及其他有关道路运输法规、规章的规定。

负责人签名_____ 日期_____
负责人职位_____

附件1-24 关于同意××××设立分公司的函

<h3 style="text-align:center">关于同意××××设立分公司的函</h3>

编号：

_____：

  我辖区_____,法定代表人为_____,于_____年__月__日取得道路运输危险货物运输经营许可,许可证号为_____,有效期为_____年__月__日至_____年__月__日;经营范围为××类、××类 ××项。现申请在贵市____(县、区)设立分支机构,负责人为_____,我局同意其申请事项。

  特此函告。

许可机关(印章)

年　月　日

附件1-25　关于同意××××设立分公司的复函

关于同意××××设立分公司的复函

编号：

_____：

　　贵局《关于同意××××公司设立分公司的函》收悉。经审查,该分公司符合相关备案条件,我局已为其办理相应手续。该公司分公司的经营许可证号为_____,起止日期为_____年__月__日至_____年__月__日;经营范围为_____。

　　特此函告。

许可机关(印章)
年　月　日

抄告：

附件1-26　道路运输许可证件变更、换发、遗失补办、注销申请表

道路运输许可证件变更、换发、遗失补办、注销申请表

编号：

基本信息	业户名称		道路运输许可证号	
	统一社会信息代码		注册地址	
	法定代表人/负责人		联系电话	
	经办人		联系电话	
	经营范围			

申请种类	变更	项目	变更前内容	变更后内容
		业户名称		
		注册地址		
		法定代表人/负责人		
	换发	（此栏注明申请原因）		
	遗失补办	（此栏粘贴从报上剪下的遗失声明，并注明遗失声明的日期、所刊登的报纸名称及版面）		
	注销	（此栏注明申请注销原因或者注销的经营范围）		

承诺	**声明**：我声明本表及其他相关材料中提供的信息均真实可靠。除本次备案登记的变更事项外，其他均未改变。我知悉如此表中有故意填写的虚假信息，我取得的道路运输经营许可被撤销。 负责人签名：　　　　　　　　　　　　　　　　　　　　（单位盖章） 　　　　　　　　　　　　　　　　　　　　　　　　　　年　月　日

以下由受理审核机构填写

受理和形式审查	申请人提交的申请材料齐全、符合法定形式。 （受理和审查人签名） 　　　　　　　年　月　日	文书制作和送达	文书制作人： 文书送达人： 　　　　　　　年　月　日
审核意见	审核意见： 　　　　　　　　　　　　　　　　　　　　　　　　　审核单位(盖章) 　　　　　　　　　　　　　　　　　　　　　　　　　　年　月　日		
许可证发放	新许可证编号		备注	正、副本各一本
	领证人	（签字）		年　月　日

备注：1.外商投资道路运输业务办理本项业务时，应到有办理权限的机构申请。

2.本项业务涉及重新制作《道路运输经营许可证》的，应当将新制作的《道路运输经营许可证》复印附后，存档备查。

附件1-27 危险货物道路运输企业停车场地变更申请表

危险货物道路运输企业停车场地变更申请表

申请单位(盖章)：

变更内容	变更停车场××××事项。 由原××××变更为现××××。
变更原因	
辖区的县级交通 运输主管部门意见	 签名(盖章)： 年 月 日
设区的市级交通 运输主管部门意见	 签名(盖章)： 年 月 日

另附：
1. 停车场地土地使用证明；
2. 停车场地租借合同；
3. 停车场地平面图；
4. 停车场地照片(含全景、警示标志、相关安全防护、环境保护和消防设施设备等)；
5. 经办人授权委托书。

附件1-28 危险货物道路运输企业停车场地现场勘验表

危险货物道路运输企业停车场地现场勘验表

现场勘验时间	年　月　日		
现场勘验人员			
停车场地地址		企业(单位)联系人	
现有危险货物运输车辆数		联系人电话	
停车场地面积		所有权	自有□，租借□　期限：____年
场地是否封闭		是否有明显标志	是否安装监控视频
是否妨碍周边居民生活和威胁公共安全			
安全设施设备配备情况			
材料清单	序号	名称	
	1		
	2		
	3		
	4		
勘验意见	符合停车场地配备要求		
	现场勘验人员签名		
			勘验日期：　年　月　日

附件1-29　道路货物运输注销通知书

道路货物运输注销通知书

_____：

　　你于_____年__月__日提出道路货物运输终止申请,经审查,该申请事项属于本机关职责范围,申请材料符合法定的要求和形式,决定予以注销相关道路运输许可。

许可机关(印章)
年　月　日

附件1-30　危险货物道路运输企业许可事项通知书

危险货物道路运输企业许可事项通知书

　　经查，_____因未按照承诺期限落实拟投入的专用车辆、设备和相关从业人员；或者投入的专用车辆、设备和相关从业人员未达到开业的相关要求；或者停车场地不符合相关规定的要求（具体原因按实际情况进行开列）。经研究决定，现撤销其许可决定，收回已核发的许可证明文件并在电子信息系统中注销，一并注销车辆的道路运输证，要求其停止营业。

　　特此通知，请配合我单位做好相关善后事宜。

许可机关（印章）

年　月　日

附件1-31 退出危险货物道路运输市场情形表(含撤销、吊销、注销)

退出危险货物道路运输市场情形表

序号	退出市场情形	处理办法	依据
1	被许可人应当按照承诺期限落实予以投入的专用车辆、设备。被许可人未在承诺期限落实专用车辆、设备的	原许可机关应当撤销许可决定,并收回已核发的许可证件	《道路危险货物运输管理规定》第十四条
2	被许可人未在承诺期内按照承诺聘用专职安全生产管理人员、驾驶人员、装卸管理人员和押运人员的	原许可机关应当撤销许可决定,并收回已核发的许可证件	《道路危险货物运输管理规定》第十五条
3	未投保危险货物承运人责任险的,或者投保的危险货物承运人责任险已过期,未继续投保的,由交通运输主管部门责令限期投保;拒不投保的	由原许可机关吊销《道路运输经营许可证》或者《道路危险货物运输许可证》,或者吊销相应的经营范围	《道路危险货物运输管理规定》第五十七条
4	取得道路货物运输经营许可的道路货物运输经营者不再具备开业要求的安全生产条件的	由原许可机关撤销原许可	《道路货物运输及站场管理规定》第五十八条
5	(1)存在重大事故隐患,180日内3次或者1年内4次受到本法规定的行政处罚的; (2)经停产停业整顿,仍不具备法律、行政法规和国家标准或者行业标准规定的安全生产条件的; (3)不具备法律、行政法规和国家标准或者行业标准规定的安全生产条件,导致发生重大、特别重大生产安全事故的; (4)拒不执行交通运输主管部门作出的停产停业整顿决定的	原许可机关应当依法吊销其有关证照	《安全生产法》第一百一十三条
6	(1)强行招揽货物的; (2)没有采取必要措施防止货物脱落、扬撒的	情节严重的,由原许可机关吊销《道路运输经营许可证》或吊销其相应的经营范围	《道路货物运输及站场管理规定》第六十四条
7	道路运输企业1年内违法超限运输的货运车辆超过本单位货运车辆总数10%的	责令停业整顿,情节严重的,由原许可机构吊销《道路运输经营许可证》,并向社会公告	《公路安全保护条例》第六十六条
8	使用报废的、擅自改装的、检测不合格的、车辆技术等级达不到一级的和其他不符合国家规定的车辆从事道路危险货物运输的	原许可机构注销其车辆《道路运输证》	《道路危险货物运输管理规定》第二十二条
9	使用货车列车(除铰接列车、具有特殊装置的大型物件运输专用车辆外)从事危险货物运输的	原许可机构注销其车辆《道路运输证》	《道路危险货物运输管理规定》第二十二条
10	使用移动罐体(罐式集装箱除外)从事危险货物运输的	原许可机构注销其车辆《道路运输证》	《道路危险货物运输管理规定》第二十二条
11	对1年内违法超限运输超过3次的货运车辆	原许可机构吊销其车辆《道路运输证》	《公路安全保护条例》第六十六条

附件2 《道路运输证》配发及管理

附件2-1 危险货物道路运输车辆《道路运输证》申领表

危险货物道路运输车辆《道路运输证》申领表

填表说明:本表"车辆基本信息"栏由危险货物道路运输企业填写,连同危险货物运输车辆申请表,车辆登记证书、行驶证原件及复印件,车辆的检测报告和等级评定结论,车辆卫星定位系统车载终端安装使用证明,罐式专用车辆罐体检测合格证明及其复印件,车辆投保承运人责任险保单及其复印件,所运危险货物的《道路运输危险货物安全卡》,驾驶人员驾驶证、从业资格证,押运人员身份证、从业资格证,车辆照片2张,以及经办人身份证复印件及经办人书面委托书,一并报送交通运输主管部门。

(车辆照片粘贴处)

一、车辆基本信息

业户名称(盖章)_____ □经营性 □非经营性(请在□打"√")

车辆号牌_____ 牌照颜色_____ 行驶证登记日期_____ 车辆来源_____

厂牌型号_____ 车辆类型_____ 燃料类型_____ 车载电话_____

总载质量(t)_____ 核定载质量(t)_____ 车辆外廓长宽高(cm)_____ 车轴数_____

罐体容积(m^3)_____ 车辆技术等级_____级

车辆应急处理器材_____ 车辆安全防护设备_____

标志灯编号_____ 经办人姓名_____ 联系电话_____

经营范围:(请在□打"√",勾选类别,不必再勾选该类内的项别,反之亦然;按品名申请的,不必勾选该品名对应的类别或项别,并按《危险货物品名表》标准品名填写)

1.类别
□第1类 □第2类 □第3类 □第4类 □第5类 □第6类 □第7类
□第8类 □第9类 □剧毒化学品 □医疗废物 □危险废物

2.项别(剧毒化学品除外)
□1.1项 □1.2项 □1.3项 □1.4项 □1.5项 □1.6项 □2.1项
□2.2项 □2.3项 □4.1项 □4.2项 □4.3项 □5.1项 □5.2项
□6.1项 □6.2项 □7.1项 □7.2项 □7.3项

3.品名(如是剧毒化学品,应在品名后括号标注"剧毒",例如"液氯(剧毒)"。罐式车辆经营范围依据罐体载货后总质量与核定载质量相匹配的原则,核定到品名)

_____

□经营性   □非经营性   (根据企业经营资质而定)

二、交通运输主管部门意见

辖区交通运输主管部门意见	(盖章)年 月 日
设区的市级交通运输主管部门意见	(盖章)年 月 日

三、《道路运输证》签收确认   道路运输证号:_____

申请人(被委托人)	已查收《道路运输证》。领取人:	年 月 日

附件 2-2 道路运输达标车辆核查记录表

道路运输达标车辆核查记录表（载货汽车）

达标车型编号					
业户名称		车辆号牌		车辆识别代号（VIN）	
生产企业		产品型号		产品名称	
驱动型式		底盘型号		轮胎规格	
总质量(kg)		整备质量(kg)		轮胎数量	
发动机型号		燃料种类		最高车速(km/h)	
外廓尺寸(长×宽×高)(mm)		× ×		转向轴数量	
货厢栏板内尺寸(长×宽×高)(mm)或容积(m³)或搅动容量(m³)或有效容积(m³)					
电子稳定性控制系统(ESC)[1)		□有；□无	卫星定位系统车载终端		□有；□无
温度监控装置		□有；□无	驾驶室轮胎爆胎应急安全装置标识		□有；□无
制动器型式	一轴：□鼓式；□盘式 二轴：□鼓式；□盘式 三轴：□鼓式；□盘式 四轴：□鼓式；□盘式		气压制动系统压缩空气干燥、油水分离装置		□有；□无
防抱制动装置(ABS)信号报警装置		□有；□无	制动器衬片更换报警装置		□有；□无
制动储气筒额定工作气压(kPa)			制动间隙自动调整装置		□有；□无
压力测试连接器数量(储气筒)			自动紧急制动系统(AEBS)[1)		□有；□无
压力测试连接器数量(制动气室)					
起重尾板警示标识		□有；□无	载荷布置标识		□有；□无
气体泄漏报警装置(燃气汽车)		□有；□无	轮胎气压监测系统		□有；□无
车道偏离预警系统(LDWS)		□有；□无	车辆前向碰撞预警系统		□有；□无
前下部防护装置		□有；□无	后下部防护装置		□有；□无
系固点数量	前墙：		侧面防护装置		□有；□无
	水平承载面：		汽车导静电橡胶拖地带		□有；□无
*危险货物运输车辆类型	□EX/II；□EX/II； □FL；　□OX； □AT；　□CT		*悬架型式		
			*电子制动系统(EBS)		□有；□无
*特定运输介质		□易燃危险货物	□剧毒化学品		□温度控制危险货物
*缓速器或其他辅助制动装置	□液力缓速器		*排气管出口位置		□前置；□非前置
	□电涡流缓速器		□电涡流缓速器隔热装置		
	□发动机辅助制动		□电涡流缓速器报警系统 □电涡流缓速器自动灭火装置		

续上表

达标车型编号			
*倾覆保护装置	□有；□无	*后部防护装置[1]	□有；□无
*罐体尾部至后部防护装置间距（mm）[1]		*罐体尾部至后下部防护装置间距（mm）[1]	
核查结论		□符合　□不符合	
问题汇总			
其他	1.本表是交通运输管理部门开展道路运输达标车辆核查记录表，用于核查实际车辆与《道路运输车辆达标车型表》的一致性。 2.应根据实际车辆参数或相关材料，在选中栏的"□"中打"√"。 3.开展核查时，应参考《道路运输车辆达标车型表》对应项目及备注栏描述，将本表中所有项目逐项核查并出具核查结论。对于《道路运输车辆达标车型表》公布内容为"—"或"不适用"的参数无须进行核查，可将本表对应项目"—"掉。 4.对于核查存在问题的车辆，应将该车所有不符合项记录在"问题汇总"项中。 5.本表由交通运输管理部门和道路运输经营者分别留存，纳入道路运输车辆技术管理档案。 6.对于需要实际测量的项目，应使用计量检定或校准有效期内的工具，按照标准规定方法进行测量，测量结果填至本表对应项目。 注：本表中标注1)的项目自2021年5月1日起实施；本表中标注*的项目仅适用于危险货物道路运输载货汽车		

核查人员：　　　　审核人员：　　　　日期：　　　　单位(盖章)：

附件

附件2 《道路运输证》配发及管理

道路运输达标车辆核查记录表（挂车）

达标车型编号					
业户名称		车辆号牌		车辆识别代号（VIN）	
生产企业		产品型号		产品名称	
总质量（kg）		整备质量（kg）		机械连接装置型号	
与半挂车匹配的半挂牵引车牵引座规格					
轮胎规格		轮胎数量		挂车设计最高车速（km/h）	
外廓尺寸（长×宽×高）(mm)				×	×
货厢栏板内尺寸（长×宽×高）(mm)或容积(m³)或搅动容量(m³)或有效容积(m³)					
制动器型式	一轴：□鼓式　□盘式　二轴：□鼓式　□盘式 三轴：□鼓式　□盘式			气压制动系统压缩空气干燥、油水分离装置	□有;□无
制动间隙自动调整装置		□有;□无		防抱制动装置（ABS）	□有;□无
压力测试连接器数量（储气筒）				电子制动系统（EBS）	□有;□无
压力测试连接器数量（制动气室）					
起重尾板警示标识		□有;□无		起重尾板机械锁紧装置	□有;□无
后下部防护装置		□有;□无		侧面防护装置	□有;□无
系固点数量		前墙：		载荷布置标识	□有;□无
		水平承载面：		温度监控装置	□有;□无
"长车"标志牌		□有;□无		车身反光标识	□有;□无
尾部标志板数量				支撑装置	□有;□无
*危险货物运输车辆类型		□EX/II;□EX/II;□FL;□OX;□AT;□CT		*悬架型式	
*特定运输介质		□易燃危险货物　　□剧毒化学品　　□温度控制危险货物			
*倾覆保护装置		□有;□无		*后部防护装置[1)	□有;□无
*罐体尾部至后部防护装置间距（mm）[1)				*罐体尾部至后下部防护装置间距（mm）[1)	
核查结论				□符合　　□不符合	
问题汇总					
其他	1.本表是交通运输管理部门开展道路运输达标车辆核查记录表，用于核查实际车辆与《道路运输车辆达标车型表》的一致性。 2.应根据实际车辆参数配置和相关材料，在选中栏的"□"中打"√"。 3.开展核查时，应参考《道路运输车辆达标车型表》对应项目及备注，对照表中逐项核查并出具核查结论。对于《道路运输车辆达标车型表》公布内容为"—"与"不适用"的参数无需进行核查，可将本表对应项目"—"掉。 4.对于核查存在问题的车辆，应将该车所有不符合项记录在"问题汇总"项中。 5.本表由交通运输管理部门和道路运输经营者分别留存，纳入道路运输车辆技术管理档案。 6.对于需要实际测量的项目，应使用计量检定或校准有效期内的工具，按照标准规定方法进行测量。 注：本表中标注1)的项目自2021年5月1日起实施,本表中标注*的项目仅适用于道路危险货物运输挂车				
核查人员：	审核人员：	日期：		单位：(盖章)：	

申请单位（章）			许可证件号		申请日期	
负责人			联系电话			
联系人			联系电话			

☐车辆新增　☐车辆更新

序号	车辆牌照	厂牌型号	车辆类型	技术等级	总质量（吨）	核定载质量（吨）	车轴数	罐体容积	车辆外廓尺寸	车载卫星定位监控和智能视频监控设备型号	拟申请经营范围	拟运类别（品名）	配备与运输的危险货物性质相适应的安全防护、环境保护和消防设施设备清单
1													
2													
3													
4													
5													

书面审查	1. 专用车辆技术性能一级车☐　2. 道路运输车辆核查结论为"符合"，且适用危险货物☐　3. 已安装符合国家标准的卫星定位装置☐ 4. 配备必需的应急处理器材、安全防护设施设备☐　5. 已安装危险货物运输车辆标志证明☐　6. 承运人责任险投保证明☐ 7. 罐车检测合格报告（或移动式压力容器检验合格报告☐）　8. 专用车辆与停车场地地面积匹配☐　9. 已配备相适应的从业人员☐
审核意见： 详见：20（　）第　号 审核人员： 日期：　　年　月　日	审核人员： 　　　　年　月　日
实地核查	部门分管负责人：　　单位分管负责人：　　单位主管负责人： 　　年　月　日　　　　年　月　日　　　　年　月　日（章）

注：车辆类型按照行驶证填写，经营范围分类别、项别或品名，如果为剧毒化学品应当标注"剧毒"。分项的必须写到具体项别，写品名的不必写类别、项别。

附件

附件2 《道路运输证》配发及管理

附件2-3 营运车辆产权登记联系单

营运车辆产权登记联系单

填报日期: 年 月 日　　　　　　　　　　　　　　　　　　编号:

经营者名称(盖章)			
联系人		联系电话	
车牌号码		厂牌型号	
核定载(质量、容积)	人(t、m³)		
登记类型	注册登记□　转入登记□　其他_____		
车架号			
发动机号			
使用用途	经营性□　　非经营性□		
备注			
以上由提交申请的经营者如实填写,以下由交通运输主管部门填写			
市、县交通运输主管部门意见	车辆使用性质： 公路客运□　公交客运□　出租客运□　旅游客运□ 　租赁□　　教练车□　　货运□　危险品运输□ 非经营性□　营转非□　出租车转非□ 　　　　　　　　　　　　交通运输主管部门 　　　　　　　　　　　　相关业务专用章 　　　　　　　　　　　　　年　月　日		

备注:一车一单。有效期三个月,逾期作废。

(第一联)道路运输管理机构存档

附件2-4 道路运输证件异动报备表

道路运输证件异动报备表

编号：

基本信息	业户名称		道路运输许可证号	
	注册地址		经营范围	
	法定代表人/负责人		联系电话	
	经办人		联系电话	
	车牌号	道路运输证号	经营范围	

申请种类	变更	项目	变更前内容	变更后内容
		经营范围		
		注：液体危险货物常压罐式车辆更改经营范围应查验： (1)上一检测年度的罐体检验检测合格报告； (2)本检测年度的罐体检验检测合格报告； (3)罐体生产企业出具的适装介质列表变更依据及相关设计、制造技术资料； (4)出厂检验机构出具的罐体出厂检验报告(适装介质列表应与罐体检验检测合格报告一致)		
	换发	（此栏注明申请换发原因）		
	遗失补办	（此栏粘贴从报上剪下的遗失声明，并注明遗失声明的日期、所刊登的报纸名称及版面）		
	注销	（此栏注明申请注销原因）		
	过户	（此栏注明申请过户、转籍目的地）		
	报停	车辆停放地点： 车辆报停起止时间：自　年　月　日至　年　月　日		
	复驶	提交材料： □机动车检验检测报告和车辆技术等级； □承运人责任险保单； □车辆年审情况； □罐体检验检测合格报告、移动式压力容器检验检测合格报告		

承诺	声明：我声明本表及其他相关材料中提供的信息均真实、可靠，并承担由此产生的法律责任。 申请人签名：　　　　　　　　　　　　　　　　　（单位盖章） 　　　　　　　　　　　　　　　　　　　　　　　　　　　年　月　日

附件

附件 2 《道路运输证》配发及管理

续上表

以下由受理审核机构填写			
受理和形式审查	申请人提交的申请材料齐全、符合法定形式。 (受理和审查人签名) 年 月 日	文书制作和送达	(制作和送达人签名) 年 月 日
审核意见	审核意见:		审核单位(盖章) 年 月 日
证件发放	新证件编号	备注	
	领证人	(签字)	年 月 日

附件3　危险货物道路运输从业人员资格管理

附件3-1　道路危险货物运输从业人员从业资格考试申请表

道路危险货物运输从业人员从业资格考试申请表

姓名		性别		学历		照片
住址					（电话）	
工作单位					（电话）	
身份证号			培训单位			
原从业资格证件号						
驾驶证准驾车型			初领驾驶证日期		年　月　日	
申请类别	危险货物道路运输 驾驶人员□		危险货物道路运输 装卸管理人员□		危险货物道路运输 押运人员□	
材料清单	身份证明□　　学历证明□　　危险货物运输培训证明□　　驾驶证□ 道路旅客运输从业资格证□　　道路货物运输从业资格证□ 无重大以上责任事故记录证明□　　全日制驾驶职业教育学籍证明□					
承诺	本人承诺上述所有内容真实、有效，并承担由此产生的法律责任。 本人签字：　　　　　　日期：					
考试记录	成绩		考核员		考核员	
交通运输主管部门意见	（盖章） 年　月　日					
从业资格证件发放	发放人（签字）				日期	
	领取人（签字）				日期	

附件3-2 道路运输从业人员从业资格证件换发、补发、变更登记表

道路运输从业人员从业资格证件换发、补发、变更登记表

姓名			性别		学历			照片
住址						（电话）		
工作单位						（电话）		
身份证号								
驾驶证准驾车型					初领驾驶证日期			
原从业资格证件号					初领从业资格证件日期			
申请种类		换发□		补发□			变更□	
申请理由								
承诺	本人承诺上述所有内容真实、有效，并承担由此产生的法律责任。 本人签字：　　　　日期：							
主管部门意见	 （盖章） 　年　月　日							
从业资格证件发放	发放人(签字)				日期			
	领取人(签字)				日期			

附件3-3 道路运输驾驶员诚信考核表

(　　)年度危险货物道路运输驾驶人员诚信考核表

姓名		联系方式		
从业资格证号		所属单位		

序号	内容	计分分值	实际计分
1	从事道路运输经营活动,发生重大以上道路交通事故,且负同等责任的	20	
2	转让、出租从业资格证件的	20	
3	超越从业资格证件核定范围,从事道路运输活动的	20	
4	驾驶未取得《道路运输证》的危险货物运输车辆,从事道路危险货物运输的	20	
5	在危险货物运输过程中发生燃烧、爆炸、污染、中毒或者被盗、丢失、流散、泄漏等事故,驾驶员未按照要求进行应急处置并报告的	20	
6	本次诚信考核过程中发现其有弄虚作假、隐瞒相关诚信考核情况,且情节严重的	20	
7	从事道路运输经营活动,发生重大以上道路交通事故,且负次要责任的	10	
8	从事道路运输经营活动,发生较大道路交通事故,且负同等及以上责任的	10	
9	驾驶未取得《道路运输证》的旅客或者货物运输车辆,从事道路旅客或者货物运输经营活动的	10	
10	驾驶无包车客运标志牌的车辆,从事客运包车经营的	10	
11	驾驶未取得《超限运输车辆通行证》的车辆,从事超限运输经营活动的	10	
12	擅自涂改、伪造、变造从业资格证件上相关记录的	10	
13	破坏卫星定位装置、视频监控装置以及恶意人为干扰、屏蔽卫星定位装置、视频监控装置的	10	
14	有受到省级及以上交通运输主管部门通报批评的服务质量记录的	10	
15	从事道路运输经营活动,发生较大道路交通事故,且负次要责任的	5	
16	驾驶无道路客运班线经营许可的车辆,从事班车客运经营的	5	
17	超越《道路运输证》上注明的经营类别或者经营范围,从事道路运输经营活动的	5	
18	驾驶擅自改装的车辆,从事道路运输经营活动的	5	
19	驾驶客运班车不按批准的客运站点停靠或者不按规定的线路、班次行驶的	5	
20	驾驶长途客运班车凌晨2时至5时违规运行或者虚假接驳的	5	
21	驾驶客运包车未按照约定的时间、起始地、目的地和线路行驶的	5	
22	未配合汽车客运站执行车辆安全例行检查以及出站检查制度,擅自驾驶客车出站的	5	
23	在旅客运输途中擅自变更运输车辆或者将旅客移交他人运输的	5	
24	驾驶的危险货物运输车辆未按照危险化学品的特性采取必要安全防护措施的	5	
25	有受到设区的市级交通运输主管部门通报批评的服务质量记录的	5	
26	没有采取必要措施防止货物脱落、扬撒的	3	

附件

附件3 危险货物道路运输从业人员资格管理

续上表

27	驾驶未按规定维护、检测的车辆,从事道路运输经营活动的	3	
28	驾驶未按规定投保承运人责任险的车辆,从事道路旅客或者危险货物运输经营活动的	3	
29	经营性道路旅客运输驾驶员24小时累计驾驶时间超过8个小时,日间连续驾驶超过4个小时,夜间连续驾驶超过2个小时,每次停车休息时间少于20分钟的;经营性道路货物运输驾驶员和道路危险货物运输驾驶员连续驾驶时间超过4个小时,每次停车休息时间少于20分钟的	3	
30	有受到县级交通运输主管部门通报批评、行业协会组织公告、有关媒体曝光并经核实的服务质量记录的	3	
31	未按《道路运输从业人员管理规定》及本办法要求参加继续教育的	3	
32	未按规定随车携带《道路客运班线经营信息表》,从事班线客运经营的	1	
33	未在规定位置放置客运标志牌,从事道路旅客运输经营活动的	1	
34	道路危险货物运输驾驶员未按照规定随车携带《道路运输危险货物安全卡》的	1	
35	道路危险货物运输驾驶员未按规定随车携带危险货物运单的	1	
36	一类、二类道路客运班线以及包车客运驾驶员未按规定填写行车日志的	1	
37	通过12328交通运输服务监督热线受理以及12345等地方政务服务便民热线转办的投诉举报,经核实属实且有责的	1	
综合评定	评定结果: 得分: 等级:□AAA级 □AA级 □A级 □B级		
		评定机构(盖章) 年 月 日	

(诚信考核内容可根据当地实际情况和需要增减相关内容)

附件3-4 继续教育通知书

<h3 style="text-align:center">继续教育通知书</h3>

_____：

   按照《道路运输从业人员管理规定》,对您进行诚信考核,(考核周期:_____年__月__日至____年__月__日),累计分值已满20分,诚信考核等级不合格。请您在诚信考核等级确定后30日内,持本通知及本人《从业资格证》到下列机构接受不少于18学时的道路运输法规、职业道德和安全知识的继续教育。

   继续教育培训机构(两者选其一):

   □ ×××××运输企业;

   □ ×××××从业资格培训机构;

   特此通知。

许可机关(印章)

年　月　日

附件3-5 继续教育培训证明

继续教育培训证明

姓名		性别		年龄	
身份证号					
住址					
从业资格证号					
从业资格类别			领证时间		
服务单位					

培训机构(或运输企业)意见:
　该驾驶人员按照有关规定,从_____年____月____日至_____年____月____在我机构接受继续教育,并考核合格,特此证明。
　培训学时:_____学时;
　培训内容:
　(1)道路运输法规;
　(2)职业道德;
　(3)安全知识。
　(4)××××××

培训机构(或运输企业)盖章
年　月　日

注:继续教育培训证明一式三份,一份留存培训机构(或者运输企业)备查,一份交由接受培训的驾驶人员办理诚信考核恢复手续,一份交由审核的交通运输主管部门留存。

附件4 车辆技术管理与动态监管

附件4-1 应急处理器材、安全防护设施设备和专用车辆标志的配备情况承诺书

应急处理器材、安全防护设施设备和专用车辆标志配备情况承诺书

车牌号：_____   车辆类型：_____

类型	序号	配备情况			序号	配备情况		
		名称	数量	备注		名称	数量	备注
应急处理器材、安全防护设施设备	1	急救箱（含药品配置）			2	防护眼镜		
	3	反光背心			4	轮档		
	5	防毒面具			6	防爆手电筒		
	7	眼部冲洗液			8	×××灭火器		kg
	9	防护手套			10	×××灭火器		kg
	11	防护工作服			12	防护工作鞋		
	13	铲子			14	防爆铲子		
	15	堵漏垫、堵漏袋			16	三角警示牌		
	17				18			
	19				20			
车辆标志	1	菱形标志牌			2	矩形标志牌		
	3	特殊标记牌			4	安全告示牌		
其他材料	1	安全卡			2			
	3				4			

注：牵引车和挂车填在一起。

承诺：

本单位承诺按照上述清单配备与车辆经营范围相一致的必需的应急处理器材、安全防护设施设备和专用车辆标志。

承诺单位（公章）：
日期：　　年　月　日

附件4-2 危险货物道路运输车辆年度审验表

危险货物道路运输车辆年度审验表

申请人基本信息			
业户名称		法定代表人/负责人	
统一社会信用代码或组织机构代码		许可证号	
经办人		联系方式	
申请事项信息(表格不够,可另附表填写)					
序号	车辆牌号	道路运输证号	经营范围(类别、项别或品名)	技术等级	备注
1					
2					
3					
审验内容				审验结论	
1.是否按期进行检验检测,有有效的机动车检验检测合格证明				□是 □否	
2.车辆技术等级是否达到一级				□是 □否	
3.车辆结构及尺寸是否存在变动				□是 □否	
4.液体危险货物罐式车辆常压罐体定期检验报告是否由具有资质的检验检测机构出具,在检验有效期内,且结论为"合格"				□是 □否	
5.移动式压力容器定期检验报告是否在有效期内,且取得使用登记证				□是 □否	
6.是否按规定张贴和悬挂危险货物运输车辆标志				□是 □否	
7.是否配备必需的应急处理器材、安全防护设施设备				□是 □否	
8.是否按照规定安装和使用具有行驶记录功能的卫星定位装置,且接入联网联控系统				□是 □否	
9.是否存在未处理违章记录				□是 □否	
10.车属单位年度质量信誉考核是否合格				□是 □否	
11.是否按照要求投保承运人责任险,且在有效期内				□是 □否	
12.行驶证是否在有效期内,且车辆使用性质为"危化品运输"				□是 □否	
审核人员				签字 年 月 日	
交通运输主管部门审验意见				印章 年 月 日	

附件4-3 联网联控系统考核表

联网联控系统考核表（道路运输企业）

考核对象	考核内容	分值	计分标准	得分
道路运输企业	车辆入网率	5	入网率×5	
			低于90%不得分	
	车辆上线率	5	上线率×5	
	轨迹完整率	15	轨迹完整率×15	
			低于70%不得分	
	数据合格率	15	数据合格率×15	
			低于80%不得分	
	卫星定位漂移车辆率	10	(1-卫星定位漂移车辆率)×10	
			高于5%不得分	
	平均车辆超速次数	20	小于等于区域平均车辆超速次数的：10+[（区域平均车辆超速次数-企业平均超速次数）/区域平均车辆超速次数]×10	
			高于区域平均车辆超速次数且小于区域平均车辆超速次数2倍的：[（区域平均车辆超速次数×2-企业平均超速次数）/区域平均车辆超速次数]×10	
			大于等于区域平均车辆超速次数2倍的，不得分	
	平均疲劳驾驶时长	20	小于等于区域平均车辆超疲劳驾驶时长的：10+[（区域平均车辆疲劳驾驶时长-企业平均疲劳驾驶时长）/区域平均车辆疲劳驾驶时长]×10	
			高于区域平均车辆疲劳驾驶时长且小于区域平均车辆疲劳驾驶时长2倍的：[（区域平均车辆疲劳驾驶时长×2-企业平均疲劳驾驶时长）/区域平均车辆疲劳驾驶时长]×10	
			大于等于区域平均车辆疲劳驾驶时长2倍的，不得分	
	平台查岗响应率	10	平台查岗响应率×10	

注：1. 平台上传的车辆数据存在车牌号、车牌颜色、日期时间、经度、纬度、速度、方向、海拔、车辆状态、报警状态等错误信息的，数据判断为不合格。具体参照《道路运输车辆卫星定位系统 平台数据交换》(JT/T 809—2019) 4.5.8相关信息数据体结构之规则。

2. 超速及次数界定：连续超速时间超过30秒的计为超速，1分钟内连续多次上报超速次数计为1次超速。

3. 疲劳驾驶时长界定：白天超过4小时、夜间超过2小时未停车的计为疲劳驾驶时长。

4. 数据合理参考范围：日期时间：≤当前时间；经度范围：73°33′E~135°05′E；纬度范围：3°51′N~53°33′N；速度：0~160km/h；海拔：-200~6500m。

5. 各省可结合地方实际情况优化考核内容及分值

附件

附件 4　车辆技术管理与动态监管

联网联控系统考核表(交通运输主管部门)

考核对象	考核内容	分值	计分标准	得分
管理部门监管平台	车辆入网率	5	入网率×5	
			低于90%不得分	
	车辆上线率	10	上线率×10	
	平台连通率	15	平台连通率×15	
			低于90%不得分	
	轨迹完整率	30	轨迹完整率×30	
			低于70%不得分	
	数据合格率	30	数据合格率×30	
			低于80%不得分	
	跨域数据交换成功率	10	跨域数据交换成功率×10	

注:1.因上级监管平台或网络运营商等情况造成断线并提前报备的,不计为断线时长。
　2.平台上传的车辆数据存在车牌号、车牌颜色、日期时间、经度、纬度、速度、方向、海拔、车辆状态、报警状态等错误信息的,数据判断为不合格。具体参照《道路运输车辆卫星定位系统　平台数据交换》(JT/T 809—2019) 4.5.8 相关信息数据体结构之规则。
　3.数据合理参考范围:日期时间:≤当前时间;经度范围:73°33′E ~ 135°05′E;纬度范围:3°51′N ~ 53°33′N;速度:0 ~ 160km/h;海拔:-200~6500m。
　4.各省可结合地方实际情况优化考核内容及分值

联网联控系统考核表(服务商)

考核对象	考核内容	分值	计分标准	得分
社会化监控平台	车辆上线率	10	车辆上线率×10	
	平台连通率	20	平台连通率×20	
			低于90%不得分	
	轨迹完整率	25	轨迹完整率×25	
			低于70%不得分	
	数据合格率	25	数据合格率×25	
			低于80%不得分	
	卫星定位漂移车辆率	20	20-卫星定位漂移车辆率×20	
			高于5%不得分	

注:1.因管理部门监管平台或网络运营商等情况造成断线并提前报备的,不计为断线时长。
　2.平台上传的车辆数据存在车牌号、车牌颜色、日期时间、经度、纬度、速度、方向、海拔、车辆状态、报警状态等错误信息的,数据判断为不合格。具体参照《道路运输车辆卫星定位系统　平台数据交换》(JT/T 809—2019) 4.5.8 相关信息数据体结构之规则。
　3.数据合理参考范围:日期时间:≤当前时间;经度范围:73°33′E ~ 135°05′E;纬度范围:3°51′N ~ 53°33′N;速度:0 ~ 160km/h;海拔:-200~6500m。
　4.各省可结合地方实际情况优化考核内容及分值

附件

第三方动态监控机构备案材料要求

一、备案范围

为道路运输企业提供车载设备安装、维护、数据传输及对所属车辆、驾驶员进行动态监控等服务的社会化机构。

二、备案材料

（一）申请表。

（二）企业工商营业执照（以分公司形式提供服务的，还应提供总公司的工商营业执照）。

（三）服务格式条款（应符合合同法规定，包括服务的项目、种类、服务费标准、收取方式、双方的权利和义务、违约责任、交通事故责任认定等内容）。

（四）履行服务能力的相关证明材料：

1.经营场所情况，包括场所产权或租赁协议、现场照片（其中监控中心应配备包括但不限于IT设备、信息网络、监控座席、电子监控大屏等必需的软、硬件设施设备）。

2.提供服务的人员情况，包括人员岗位分工明细和近三个月人员在本地社保缴纳情况（其中专职监控人员配备数量应满足提供24小时监控服务要求，实行分班次监控的每班次最低不少于4人）。

3.提供风险监测的智能视频监控系统情况，包括系统符合国家、行业和地方标准的声明、系统三级等保（备案证明、年度检测报告等）相关证明材料。

4.相关制度情况，包括车载设备安装、使用及维护制度，监控人员岗位职责及管理制度，违规信息处理和统计分析等制度。

三、办理程序

（一）提供第三方动态监控服务的机构通过监管系统向拟开展经营区域的地市级交通运输主管部门提交备案材料。

（二）地市级交通运输主管部门对第三方机构提交的申请材料进行核对。对符合备案材料要求的，电子版材料通过监管系统提交至省级道路运输管理机构，纸质复印材料由地市级交通运输主管部门存档备查。

（三）对符合备案材料要求的第三方机构，经省级道路运输管理机构备案后，监管系统免费为其开通账户权限。

四、其他事项

第三方机构存在下列情形的，依法取消备案：

1.通过虚假证明材料通过备案的。

2.因经营情况发生变化导致备案材料与实际不符，无法履行服务能力的。

附件4-4　危险货物道路运输车辆技术档案

危险货物道路运输车辆技术档案

车牌号：
车架号：
建档单位：
建档时间：　年　月　日

车辆技术档案目录

序号	档案名称
1	车辆基本信息表
2	车辆检测和评定登记表
3	车辆维护和修理登记表(含机动车维修竣工出厂合格证)
4	车辆主要部件更换登记表
5	车辆变更登记表
6	车辆行驶里程登记表
7	车辆机损事故登记表
8	机动车登记证书复印件
9	车辆行驶证、道路运输证复印件及车辆照片
10	机动车检验检测报告(含车辆技术等级)
11	道路运输达标车辆核查记录表
12	具备危货车维修条件的企业出具的相关维修合同及凭证等[针对运输剧毒化学品、爆炸品的专用车辆及罐式专用车辆(含罐式挂车)]
13	罐体、移动式压力容器检验检测报告
14	车辆承运人责任险保险单复印件
15	具有行驶记录功能的卫星定位系统安装使用证明
16	必备的应急处理器材、安全防护设施设备清单
17	车辆变更、过户档案移交记录
18	年度审验记录相关材料

附件

附件4 车辆技术管理与动态监管

表1 车辆基本信息表

基本情况	车辆号牌信息				粘贴初次或变更《道路运输证》时,车辆正面偏右侧45°角的彩色照片
		车牌号码	颜色	注册(变更)日期	
	首次核发				
	牌号变更1				
	牌号变更2				
	道路运输证信息				
		业户名称	道路运输证号	经营范围	发证日期	
	初次登记				
	名称变更1				
	名称变更2				

车辆配置及主要技术参数	车辆类型		厂牌型号		制造厂名	
	出厂日期		国产/进口		VIN(或车架)号	
	底盘型号		车辆外廓尺寸	mm	货箱内尺寸或容积	
	总质量	kg	整备质量	kg	准牵引质量	kg
	核定载质量	kg	核定载客	人	发动机型号	
	发动机号码		发动机排量	L	发动机净功率	kW
	排放标准		电池类型		驱动电机型号	
	电机功率		动力类型		车轴数量	
	轴距	mm	轮胎数/规格	/	行车制动方式	气/液/气-液
	制动器型式	前轮:盘/鼓式 后轮:盘/鼓式	制动防抱死系统(ABS)	有/无	变速器型式	手动/自动/手自一体
	缓速器	有/无	空调系统	有/无	卫星定位装置	有/无
备注						

注:1.货箱内尺寸或容积:普通栏板车、厢式车、仓栅车、篷式车、自卸车等填写货箱内尺寸,罐式车填写容积;
2.电池类型、驱动电机型号和电机功率:纯电动汽车填写,其他车辆不用填写;
3.排放标准:指国Ⅲ、国Ⅳ、国Ⅴ、国Ⅵ或其他排放阶段,纯电动车不用填写;
4.动力类型:指汽油、柴油、纯电动、液化天然气(LNG)、压缩天然气(CNG)、液化石油气(LPG)或其他;
5.请填写或选择有关信息,符合的请在选择项上以"√"表示

表2 车辆检测和评定登记表

序号	检测/评定类别	检测/评定单位	检测/评定日期	检测有效期	报告编号	备注	登记人员
1							
2							
3							
4							

续上表

序号	检测/评定类别	检测/评定单位	检测/评定日期	检测有效期	报告编号	备注	登记人员
5							
...							

注:1.检测/评定类别指车辆安全技术检验、环保检验和综合性能检测(含技术等级评定);
　　2.车辆技术等级评定应在备注栏中予以注明车辆技术等级

表3　车辆维护和修理登记表

序号	维修日期	累计行驶里程(km)	维修类别	修理内容	维修单位	合格证编号	登记人员
1							
2							
3							
4							
5							
...							

注:维修类别栏应填小修、一级维护、二级维护、大修或总成修理

表4　车辆主要部件更换登记表

序号	更换日期	部件名称	型号规格	生产厂名称	部件编码	维修单位	登记人员
1							
2							
3							
4							
5							
...							

注:主要登记发动机、离合器、车厢、驾驶室、转向器、变速器、前桥、后桥、车架及轮胎等部件的更换情况

表5　车辆变更登记表

序号	变更日期	变更原因	变更事项	登记人员
1				
2				
3				
4				
5				
...				

注:变更事项指车辆停驶、封存、启封使用、报废等变更情况,不包括车主名称、道路运输证号和车牌号的变更

附件

附件4　车辆技术管理与动态监管

表6　车辆行驶里程登记表

序号	登记日期	当月行驶里程(km)	累计行驶里程(km)	登记人员
1				
2				
3				
4				
5				
…				

注：行驶里程按月进行登记

表7　车辆机损事故登记表

序号	事故时间	事故地点	事故性质	事故责任	车辆损坏情况	登记人员
1						
2						
3						
4						
5						
…						

注：1.事故性质指《生产安全事故报告和调查处理条例》(国务院令第493号)规定的特别重大事故、重大事故、较大事故或一般事故；
　　2.事故责任指全部责任、主要责任、同等责任、次要责任或无责任

附件5　监督管理

附件5-1　危险货物道路运输企业双重预防机制建设监督检查表

危险货物道路运输企业双重预防机制建设监督检查表

评估指标	评估要点	体系运行及效能评估要求	评分标准
组织推进	组织机构	1.成立双重预防机制建设领导小组,成员至少包括主要负责人、分管负责人、各职能部门负责人以及重要岗位人员。企业主要负责人担任主要领导职务,全面负责企业双重预防机制建设。 2.明确领导小组成员双重预防机制建设职责分工。 3.编制双重预防机制建设工作方案,内容包含：工作目标、实施步骤、实施内容、责任部门、责任人员、保障措施、工作进度和工作要求等。 4.建立健全双重预防机制建设指导文件,内容包含风险识别、风险评价、风险等级判定、隐患排查、隐患分级和隐患治理等关键技术内容,由安全生产管理部门或者安全生产管理人员负责协调、指导、督促其他部门按规定开展双重预防机制建设	1.以正式文件(红头文件)明确建立企业双重预防机制建设领导机构。 2.明确领导小组成员双重预防机制建设职责分工。 3.制定双重预防机制建设及运行实施方案。 4.建立双重预防机制建设指导文件的。对于车辆数小于10辆的危险货物道路运输企业,可不编制双重预防机制建设指导文件
	全员教育培训	1.编制安全生产教育培训计划,并将双重预防机制建设运行相关知识和职责分工纳入计划。 2.根据计划,分层级、分阶段开展相关安全生产教育和培训工作。 3.建立安全生产教育和培训档案,如实记录培训时间、内容、参加人员以及考核结果等情况	1.编制安全生产教育培训计划,并将双重预防机制建设相关内容纳入培训计划的。 2.安全生产教育培训记录如实记录,有培训时间、培训内容、参加人员签到。 3.分层次、分阶段对全员进行双重预防机制培训
	体系文件	1.制定安全风险分级管控制度,内容包括安全风险分级管控的职责分工、工作程序和方法(包括风险识别、分析、评价、分级、管控、报送、告知与警示等)、经费保障、记录、动态评估、持续改进和考核奖惩等管理要求。 2.制定生产安全事故隐患排查治理制度,内容包括事故隐患排查治理的职责分工、工作程序(包括隐患排查、登记、评估、分级、治理、报告、验收、销号等)、经费保障、记录、统计分析、持续改进和考核奖惩等管理要求。 3.结合自身实际,将双重预防机制与现行安全生产管理体系、安全生产标准化体系等有机融合,制修订全员安全生产责任制、安全生产教育和培训、安全生产资金投入、安全生产考核与奖惩、应急管理等制度和操作规程,实现一体化运行。 4.相关管理制度和操作规程应送达各部门/岗位,并在安全生产培训教育计划中安排相关学习	1.制定风险分级管控制度。 2.制定生产安全隐患排查治理制度。 3.全员安全生产责任制、安全生产教育和培训、安全生产资金投入、安全生产考核与奖惩、应急管理等制度和操作规程中包含双重预防机制内容。 4.体系文件各项制度、操作规程符合企业实际。 5.制度传达到各部门/岗位的

附件 5　监督管理

续上表

评估指标	评估要点	体系运行及效能评估要求	评分标准
风险分级管控机制建设	风险识别单元确定	1.按照"谁主管谁负责、谁运营谁负责、谁使用谁负责"的原则,各部门应制定本部门及其职责范围内的风险识别单元划分清单,登记每个风险识别单元涵盖的设施设备、场所、作业活动、作业步骤和涉及岗位等,由双重预防机制建设领导小组或者指定的部门负责汇总、审核确认形成企业级的风险识别单元划分清单。 2.纳入风险识别的对象应覆盖危险货物道路运输企业的全地域、全时段、全范围、全过程和全部管理对象,包含地上、地下以及承包、承租单位占用的场所和区域的所有作业环境、设施设备、生产工艺、危险物品、作业人员及作业活动等,避免安全风险识别与评估的缺失导致安全管理空白。若存在外包方或者同一作业区域内存在多个相关方,还应考虑来自相关方的外部风险影响	1.各部门建立其职责范围内的风险识别单元划分清单的。 2.建立企业级的风险识别单元划分清单的。 3.风险识别单元经安全、技术、设备等部门管理人员及岗位作业人员讨论确定,有会议纪要
	危险源辨识	1.按照"谁管控谁辨识、谁检查谁辨识"的原则,结合本单位实际组织公司、部门、车队、班组和岗位的技术人员对生产工艺、设施设备、作业环境、人员行为和管理体系等方面存在的危险源进行全方位、全过程辨识。 2.每年至少开展一次全面辨识,专项辨识根据需要开展。 3.作业活动类建议采用作业安全分析法(JSA)或者作业危害分析法(JHA),并按照作业步骤分解逐一对作业过程中的人的不安全行为进行辨识记录,在分析时同时需要考虑环境因素对人员的操作行为的影响。 4.设施设备管理类建议采用安全检查表法(SCL)对生产经营活动中的物的不安全状态、环境的不安全因素及管理缺陷进行辨识记录。 5.对于复杂工艺可采用类比法、事故树分析法、指标体系法等方法进行辨识记录。有能力的企业可不限于以上推荐的方法	1.结合风险识别单元清单逐项进行危险源辨识、分析、研判。 2.主要负责人每年开展一次全面辨识的。 3.相关人员对本岗位存在的风险点、危险源及其危害后果(事故类型)清楚。 4.危险源辨识、确认经企业安全、技术、设备等部门管理人员及岗位作业人员进行讨论确定,有会议纪要
	风险评价分级	1.应结合风险识别单元划分清单和危险源辨识记录,逐项开展风险评价。 2.安全风险评估应突出遏制重特大事故,重点关注暴露人群和受影响的人群规模,聚焦重大危险源(若有)、劳动密集型场所、高危作业工序、危险性较大的分部分项工程等。 3.风险等级从高到低划分为重大风险、较大风险、一般风险和低风险四个等级,分别用红、橙、黄、蓝四种颜色代表。 4.重大、较大风险应由双重预防机制建设领导小组或其指定的部门和人员进行评审。 5.重大风险由主要负责人确定,并单独编制重大风险清单;较大风险由企业分管安全生产的负责人和责任部门负责人确认	1.结合风险识别单元划分清单和危险源辨识记录逐项开展风险评价的。 2.风险等级划分符合要求。 3.重大和较大风险需经过评审。 4.重大风险清单经主要负责人签署确认。 5.较大风险经企业分管安全生产的负责人和责任部门负责人确认。 6.企业主要负责人、实际控制人、分管安全负责人、部门负责人、重要岗位人员掌握企业重大风险相关内容

续上表

评估指标	评估要点	体系运行及效能评估要求	评分标准
风险分级管控机制建设	风险管控	1.构建完善的安全风险管控责任体系,明确责任部门和责任人。 2.结合本单位实际按如下原则确定管控层级。上一级负责管控的风险,下一级必须同时负责管控,并逐级落实具体管控措施。 (1)Ⅰ级重大风险:由公司集团总部负责人或分管安全生产的负责人挂牌管控,并由公司、责任部门、车队、班组和岗位实施联合管控。 (2)Ⅱ级较大风险:由责任部门、车队、班组和岗位联合管控。 (3)Ⅲ级一般风险:由车队、班组和岗位联合管控。 (4)Ⅳ级低风险:由岗位直接管控。 3.按照下列要求加强重大风险管控: (1)主要负责人应组织制定重大风险动态监测计划、重大风险专项管控方案和专项应急措施,并组织技术人员对管控方案进行会审。涉及多个危险货物道路运输企业或者相关方的重大风险应由其共同的上一级单位统筹制定或者协商确定。 (2)优先采用工程技术措施或者较高级别的风险管控措施,从源头管控重大风险。如不能立即增加、调整管控措施,或管控措施不能有效落实,应立即停止相关生产作业活动,限制或禁止人员进入。 (3)对进入重大风险影响区域内的人员(包括外来人员)组织开展安全防范、应急逃生避险和应急处置等相关培训和演练。 (4)将重大风险的名称、位置、危险特性、影响范围、可能发生的安全生产事故及后果、管控措施和安全防范与应急措施告知直接影响范围内的相关单位或人员。 (5)及时将本单位重大风险相关信息通过相应的信息系统向交通运输主管部门进行登记,并根据情况变化动态更新。 (6)主要负责人应每年组织专业技术人员对重大风险管控方案进行评估改进。若经评估确认可降低或者解除风险等级的,及时向交通运输主管部门申请予以销号。销号申请予以通过的,主要负责人应及时告知并动态调整相应的风险分级管控措施。 4.对较大及以下风险实施分级管控措施: (1)属于较大风险的,分管安全的负责人或责任部门负责人应组织制定专项管控方案,并组织技术人员进行管控方案会审。 (2)对于操作难度大、技术含量高、危险性较大,可能导致爆炸、火灾、中毒、窒息、塌陷等严重后果的风险识别单元也应重点管控,必要时编制专项管控方案。 (3)属于一般和低风险的,宜在综合考虑风险管控措施的成本和管控效果的基础上,采取经济有效的风险降低措施	1.风险分级管控层级符合要求,与企业组织机构设置相符。 2.确定管控层级及责任部门及人员。 3.重大风险和较大风险的管控方案经技术人员会审。 4.主要负责人组织制定重大风险动态监测计划、重大风险专项管控方案和专项应急措施,并牵头管控。 5.按照安全风险分级管控责任清单落实风险管控措施。 6.企业主要负责人、实际控制人、分管负责人、部门负责人、重要岗位人员,掌握相应管控风险内容

附件

附件5　监督管理

续上表

评估指标	评估要点	体系运行及效能评估要求	评分标准
风险分级管控机制建设	风险告知	1.绘制本单位或者项目的"红橙黄蓝"四色安全风险空间分布图,将场所、区域、空间、建(构)造物等存在的风险等级标示在总平面布置图或地理坐标图中,并公示在醒目位置。 2.对存在安全风险的岗位设置安全风险告知牌(卡),标明主要安全风险、可能引发事故隐患类别、事故后果、管控措施、应急措施及报告方式等内容。 3.在危险作业区域,以及具有较大及以上危险因素的生产经营场所和有关设施、设备上,设置明显的安全警示标志。内容符合《图形符号　安全色和安全标志》(GB 2893)(所有部分)、《安全标志及其使用导则》(GB 2894)、《化学品分类和标签规范　第31部分:化学品作业场所警示性标志》(GB/T 30000.31)等标准要求。 4.通过安全手册、公告栏提醒、讲解宣传等方式,公示本单位的主要风险点、风险类别、风险等级、管控措施和应急措施,告知进入风险区域的人员,指导督促做好安全防范。 5.应将风险类型、位置、危险特性、管控措施、监测预警和应急处置等纳入安全生产教育培训和应急演练中	1.在醒目位置公示四色安全风险空间分布图。 2.安全风险空间分布图标注与企业的安全风险评价结果符合。 3.按照要求设置安全风险告知牌(卡)。 4.安全警示标志设置内容符合相关标准。 5.开展安全风险告知相关内容培训
	台账和记录	1.编制并公示安全风险分级管控责任清单,结合风险评估记录,列明风险识别单元名称、类别、风险等级、管控措施(包括管控重点、监督管理、安全防护和应急处置等)、管控层级、责任单位、责任人等,并按照要求进行公示。 2.编制安全风险识别及评价记录表:基于不同风险识别方法,编制对应的风险识别及评价记录表(如作业危害分析表JHA、安全检查表SCL等),明确风险识别单元名称、位置、风险类型、主要危险源或致险因素、潜在事故类型及后果、风险评价结果和风险等级、现有管控措施,以及建议新增管控措施等信息。 3.单独建立重大风险清单和专项档案,包括基础信息清单、责任分工清单、防控措施清单、监测监控清单和应急处置清单等,记录重大风险名称、位置、危险特性、影响范围、可能发生的事故及后果、管控措施、安全防范与应急措施、监测预警信息等内容	1.编制并公示安全风险分级管控责任清单。 2.基于不同风险识别方法编制对应的风险识别及评价记录表。 3.单独建立重大风险清单和专项档案
隐患排查治理机制建设	编制隐患排查清单	1.对照安全风险分级管控记录(如风险识别与评估记录、安全风险分级管控责任清单、重大风险专项档案、较大风险管控方案等),依据法律、法规、规章、标准、规范性文件等要求和安全管理实际,逐项分析所列风险管控措施弱化、失效、缺失或者因存在缺陷可能产生的隐患。 2.结合双重预防机制建设运行职责,按照企业、部门、班组、岗位等层级分级分岗制定隐患排查清单,明确排查类型、范围、频次、内容、标准、责任部门和责任人员等内容。 3.隐患排查频次应符合法律法规及相关文件要求	1.结合实际情况编制隐患排查清单。 2.隐患排查清单包括排查内容(风险分级管控清单中制定的各风险管控措施)、排查周期、排查责任人等内容。 3.隐患排查周期符合相关要求

续上表

评估指标	评估要点	体系运行及效能评估要求	评分标准
隐患排查治理机制建设	制定隐患排查计划	1.结合隐患排查类型和频次要求,综合考虑风险等级、管控紧迫度等因素编制隐患排查计划。 2.存在重大和较大风险的风险识别单元及其风险管控措施作为隐患排查重点,加强对隐蔽区、盲点区的排查。一般风险或低风险所在单元,虽然现有控制措施充分、有效,但伤害严重性等级结果为较大级以上的,也宜列入隐患排查重点	1.制定隐患排查计划。 2.排查计划突出重点
	隐患排查实施	1.按照隐患排查计划,结合安全生产的需要和特点,由各层级分别按要求组织隐患排查,并及时、准确填写相关排查记录。 2.采取自查、互查、重点抽查相结合,定期与日常排查相结合,专项与综合排查相结合等方式,坚持"全员、全面、全过程、全方位、突出重点"的原则,确保隐患排查全面覆盖。对于涉及相关方的隐患排查可与相关方组成联合隐患排查组开展,或者采用定期安全检查的方式实施监督。 3.查出的不能立即整改或危害较高的隐患应记录详实,如条件允许应保留影像资料	1.编制隐患排查记录表或安全检查表。 2.按隐患排查计划组织隐患排查。 3.隐患排查覆盖全面
	一般事故隐患治理验收	1.对排查出的事故隐患进行相关文件进行分级,包含一般事故隐患和重大事故隐患。 2.能够立即整改的一般事故隐患应立即采取措施予以消除,并通过培训、奖惩、批评教育、完善制度程序、购置硬件、加强监管等措施加强源头治理。 3.限期整改的一般事故隐患应以书面形式下发整改通知书,并按照要求限期整改治理。 4.一般事故隐患治理完成后,应由指定验收人或者隐患整改通知书发放部门组织人员进行验收,验收通过的由验收负责人签字确认,并及时销号。未通过验收的需要重新按照分级治理要求进行整改。 5.事故隐患排查治理情况应通过职工大会或者职工代表大会、信息公示栏等方式及时向从业人员通报	1.向从业人员通报隐患排查治理情况。 2.针对查出的隐患及时下发隐患整改通知单。 3.隐患整改单位按期完成整改。 4.隐患整改后对整改情况进行验收并签字。 5.隐患排查表、整改通知单及隐患治理台账信息一致

附件

附件5　监督管理

续上表

评估指标	评估要点	体系运行及效能评估要求	评分标准
隐患排查治理机制建设	重大事故隐患治理验收	1.重大事故隐患应经双重预防机制建设领导小组判定,形成重大事故隐患清单。 2.对经判定为重大事故隐患的,应按照要求及时向属地交通运输主管部门报备,由主要负责人或者有关负责人组织制定重大事故隐患专项治理方案并限期整改。因外部因素造成的重大事故隐患,危险货物道路运输企业自身难以排除的,交通运输主管部门接到报告后,应及时协调处理。 3.主要负责人每季度带队对本单位重大事故隐患排查整治情况至少开展1次检查(事故多发、高危领域每月至少1次)。 4.重大事故隐患专项治理方案,主要包含以下内容: (1)治理的目标和任务; (2)治理技术方案和治理期的安全保障措施; (3)经费和物资保障措施; (4)治理责任部门和人员; (5)治理时限和节点要求; (6)隐患未消除前的安全防范措施和应急处置等措施; (7)跟踪督办及验收部门和人员。 5.重大事故隐患治理完成后,应成立隐患整改验收组或者委托第三方服务机构进行专项验收,对隐患暴露出的问题进行全面评估并出具验收结论,经验收组组长签字确认。委托第三方服务机构进行专项验收的,本单位负责人应参与验收且对验收结论进行确认。对于政府部门督办的重大事故隐患,应按照政府相关要求进行专项验收。 6.重大事故隐患治理验收通过后,应及时将验收结论向交通运输主管部门报备,并申请销号。报备申请材料包括: (1)重大事故隐患基本情况及整改方案; (2)重大事故隐患整改过程; (3)验收机构或验收组基本情况; (4)验收报告及结论; (5)下一步改进措施。 7.重大事故隐患销号申请未经交通运输主管部门审查同意,不得擅自改变隐患治理方案确定的安全防范措施和应急预案等。 8.重大事故隐患治理验收完成后,危险货物道路运输企业应对隐患形成原因及治理工作进行分析评估,及时完善相关安全管理制度和管控措施,对相关责任人进行惩戒处理,并开展有针对性的培训教育。 9.重大事故隐患排查治理情况应及时向属地交通运输主管部门和本单位职工大会或职工代表大会"双报告"。涉及其他行业部门的,还应根据规定向有管辖权的县级地方人民政府及相关部门报告。	1.重大事故隐患经双重预防机制建设领导小组判定。 2.重大事故隐患按照要求向管理部门报备。 3.主要负责人或有关负责人组织制定重大事故隐患专项治理方案。 4.按照专项治理方案及时治理。 5.成立隐患整改验收组或者委托第三方服务机构对重大事故隐患治理方案进行专项验收,有验收记录。 6.及时将验收结论向交通运输主管部门报备,并申请销号

续上表

评估指标	评估要点	体系运行及效能评估要求	评分标准
隐患排查治理机制建设	重大事故隐患治理验收	10.重大事故隐患排查治理情况应及时向属地交通运输主管部门报备,报备内容主要包括: (1)隐患名称、类型类别、所属危险货物道路运输企业及所在行政区划、属地负有安全生产监督管理职责的管理部门; (2)隐患现状描述及产生原因; (3)可能导致发生的安全生产事故及后果; (4)整改方案或已经采取的治理措施,治理效果和可能存在的遗留问题; (5)隐患整改验收情况、责任人处理结果; (6)整改期间发生安全生产事故的,还应报送事故及处理结果等信息。 上述第(4)、(5)和(6)信息在相关工作完成后报备	1.重大事故隐患经双重预防机制建设领导小组判定。 2.重大事故隐患按照要求向管理部门报备。 3.主要负责人或有关负责人组织制定重大事故隐患专项治理方案。 4.按照专项治理方案及时治理。 5.成立隐患整改验收组或者委托第三方服务机构对重大事故隐患治理方案进行专项验收,有验收记录。 6.及时将验收结论向交通运输主管部门报备,并申请销号
	台账和记录	1.形成隐患排查治理工作台账,记录隐患排查人员、时间、对象或范围、隐患具体情形、性质、治理、验收、销号等内容,经隐患排查直接责任人和验收人签认后妥善保存。 2.单独建立重大事故隐患专项档案,内容应涵盖隐患排查、登记、评估、治理、验收、报告、销号以及持续改进等闭环管理全过程信息	1.如实记录隐患排查治理工作台账。 2.编制隐患清单和重大事故隐患清单。 3.建立重大事故隐患专项档案
动态评估与持续改进	评估	1.每年至少对双重预防机制运行效果进行一次评估,重点评估风险管控措施的有效性、充分性和适宜性,以及隐患排查的可操作性和隐患治理落实等内容,且形成报告,并将评估结果进行公示和公布。 2.依据评估结果补充完善风险管控措施,更新安全风险分级管控责任清单和事故隐患排查治理清单,修订完善相关管理制度和操作规程,完成变更管理	1.每年开展双重预防机制建设运行效果评估。 2.根据评估结果更新相关安全风险管控和隐患排查治理要求
	更新	当存在下列情形时,及时开展双重预防机制建设运行评估,调整、更新管控措施及隐患排查清单内容: (1)法律、法规、规章、标准、制度等发生较大变化; (2)组织机构及安全生产管理体系发生较大变化; (3)人员、设施设备、生产系统、生产工艺、工作程序、环境发生较大变化或运输生产组织发生较大调整; (4)发生事故事件后,有对事故、事件或其他紧急情况信息的新认识,对相关危险源的再评价; (5)风险程度变化后,需要调整风险管控措施; (6)根据非常规作业活动、新增功能性区域、装置或设施以及其他变更情况等,适时开展危险源辨识和风险评价; (7)应急预案演练结果反馈的需求; (8)其他情形出现应进行评估	1.及时对变更过程的风险进行危险源辨识、风险评价,更新风险管控清单。 2.根据风险变更情况及法律法规的变化及时更新隐患排查内容

附件

附件5　监督管理

续上表

评估指标	评估要点	体系运行及效能评估要求	评分标准
奖惩与考核	奖惩考核	1.在安全生产考核奖惩制度中明确双重预防机制建设的相关考核奖惩的标准、频次、方式方法等。 2.根据双重预防机制评估结果予以奖惩，应将评估结果与员工工资薪酬(或奖金)挂钩。 3.定期对各层级双重预防机制建设的有效性进行监督检查	1.明确双重预防机制建设运行相关考核奖惩内容。 2.根据双重预防机制评估结果落实奖惩。 3.定期对各层级双重预防机制建设有效性进行监督检查

附件6 依法经营与信用管理

附件6-1 危险货物道路运输企业安全生产行政检查记录表

危险货物道路运输企业安全生产行政检查记录表——基础管理

序号	检查事项	检查要点及要求	检查方法	检查结果	检查情况记录
1	资质条件	(1)道路运输经营许可证合法、有效; (2)实际经营范围未超出登记的经营范围	资料审查	□符合 □不符合	
2	安全生产管理制度	安全生产管理制度包括但不限于下列内容: (1)安全生产责任制、目标考核及奖惩制度,内容包括各部门、各岗位,责任人员、责任内容、考核标准和奖惩标准等; (2)安全生产会议制度,内容应包括安全生产工作会议和安全生产例会的组织召开部门(人员)、参与部门及其人员、频次、内容等; (3)从业人员管理制度,内容应包括从业人员聘用条件、岗前培训、安全教育与培训、从业行为考核、信息档案管理等; (4)危险货物运输车辆(以下简称"车辆")技术管理制度,内容应包括车辆选用、维护与修理、技术状况检查、安全技术状况监测和年度审验、检验、改型和报废,罐体、可移动罐柜、罐式集装箱(以下简称"罐箱")管理,技术档案管理等; (5)车辆安全设施设备管理制度,内容应包括标志灯、标志牌和安全告示牌等车辆标志的配备、检查和维护更新管理,随车安全防护、环境保护和消防设施设备的配备、检查和维护更新管理; (6)车辆动态监督管理制度,内容应包括卫星定位装置安装、使用及维护,动态监控平台建设、维护与管理,车辆动态信息处理,车辆动态信息统计分析等; (7)安全生产教育培训和宣传制度,内容应包括宣传和教育的对象、形式、内容、周期、责任人、经费保障措施等; (8)隐患排查、治理及风险管控制度,内容应包括安全隐患排查内容、方法、周期、登记治理、档案、统计分析、通报和报告,安全生产风险源辨识、评估和风险管控等; (9)安全生产事故报告、应急处置及责任倒查制度,内容应包括事故报告程序、时限、内容,现场处置程序、调查处理流程及档案等; (10)应急预案制度,内容应包括应急救援机构和职责、突发事件等级、信息报告和响应机制、应急处置、应急保障、善后处理、应急预案的编制审核及批准、应急培训、演练等; (11)安全生产专项资金提取和使用管理制度,内容应包括资金提取方式、提取比例、使用范围和台账等; (12)停车场地及设备安全管理制度,内容应包括停车场安全值守、封闭管理、安全防护、环境保护、消防和应急设施设备的配备、检查、维护更新等	资料审查	□符合 □不符合	

附件6 依法经营与信用管理

续上表

序号	检查事项	检查要点及要求	检查方法	检查结果	检查情况记录
3	安全生产操作规程	安全生产操作规程包括但不限于下列内容： (1)驾驶人员安全生产操作规程,内容包括驾驶员出车前、运输中及运输过程结束后的操作要求； (2)押运人员安全生产操作规程,内容包括监督和检查装卸作业、危险货物检查,出车前、运输中及运输过程结束后的操作要求； (3)装卸管理人员安全操作规程,内容包括装卸前、装卸中、装卸后的操作要求； (4)车辆日常检查和日常维护操作规程,内容包括轮胎、制动、转向、灯光与信号、卫星定位装置、应急设备设施等安全部件检查要求和检查程序； (5)动态监控操作规程,内容包括卫星定位装置、动态监控平台的检修和维护,动态信息采集、分析、处理规范和流程,违法违章信息统计、报送及处理要求及程序,动态监控信息保存要求	资料审查	□符合 □不符合	
4	安全生产责任制	(1)企业层层签订安全生产目标责任书,主要负责人,分管安全生产和运输经营的负责人,管理科室、分支机构及其负责人,车队和车队队长,岗位从业人员安全生产责任内容及考核标准明确； (2)按照企业相关制度实施考核,有奖惩记录	资料审查	□符合 □不符合	
		被抽取的关键岗位人员熟悉自身的安全生产职责	抽样询问	□符合 □不符合	
5	机构与人员	(1)企业设置了安全生产管理机构或者配备了专职安全生产管理人员； (2)专职安全生产管理人员配备数量能适应安全生产管理工作需要	资料审查、现场询问	□符合 □不符合	
		(1)拥有20辆(含)以上车辆的企业设置了车辆技术管理机构,有设置文件,负责人明确； (2)专业车辆技术管理人员配备数量符合要求	资料审查	□符合 □不符合	
		专职动态监控人员配备数量符合要求(至少2名)	资料审查	□符合 □不符合	
		企业主要负责人、分管安全生产负责人、安全生产管理机构及专职安全生产管理人员安全考核证明材料真实有效,或者取得注册安全工程师(道路运输安全)	资料审查	□符合 □不符合	
6	安全生产会议	近12个月安全生产领导机构每季度都召开了安全生产工作会议,安全生产管理机构每月都召开了安全例会,会议讨论内容符合要求,记录齐全、完整	抽样资料审查	□符合 □不符合	
7	安全生产教育培训和宣传	公司是否组织制定本单位安全生产教育和培训计划	抽样资料审查	□符合 □不符合	
		主要负责人和安全生产管理人员岗位培训和每年再培训学时符合要求,培训档案完整	资料审查、现场询问	□符合 □不符合	

续上表

序号	检查事项	检查要点及要求	检查方法	检查结果	检查情况记录
7	安全生产教育培训和宣传	驾驶人员、装卸管理人员和押运人员等从业人员岗前培训及每年再培训学时及内容符合要求	抽样资料审查、现场询问	□符合 □不符合	
		诚信考核等级为不合格的驾驶人员的继续教育学时符合要求	抽样资料审查	□符合 □不符合	
		有材料证明动态监控人员上岗前经企业或第三方机构培训考核合格	资料审查、现场询问	□符合 □不符合	
		国内发生重特大道路交通事故后,有针对关键岗位从业人员进行警示教育的记录	资料审查	□符合 □不符合	
		有安全生产宣传记录,且定时更新,培训记录是否保存至少1年	资料审查	□符合 □不符合	
8	安全生产专项资金	(1)企业是否按上年度实际营业收入1.5%逐月平均提取安全生产专项资金,并将年度安全费用使用计划和上一年安全费用的提取、使用情况报辖区行业主管部门备案; (2)支出范围符合要求	资料审查	□符合 □不符合	
9	安全风险管控	有安全生产风险源清单和相应的管控措施	资料审查	□符合 □不符合	
10	隐患排查治理	(1)抽查的2个月都有隐患排查治理记录; (2)排查出的隐患均落实了相关治理措施	抽样资料审查	□符合 □不符合	
11	事故管理	发生事故后按规定报告,有事故报告记录	资料审查	□符合 □不符合	
		发生事故后"四不放过"落实情况,有事故调查处理和警示教育记录,落实了防范、整改措施	资料审查、现场询问	□符合 □不符合	
12	应急管理	应急救援体系健全,预案完善	资料审查	□符合 □不符合	
		至少每半年组织1次生产安全事故应急救援预案演练,有应急预案演练评估报告	资料审查	□符合 □不符合	
		应急预案的有相应的评审或者论证记录	资料审查	□符合 □不符合	
		应急预案有向交通运输主管部门备案的记录	资料审查	□符合 □不符合	
		有配备的专职或兼职应急救援人员花名册,或者与邻近的应急救援队伍签订应急救援协议	资料审查	□符合 □不符合	
		有定期对应急救援器材进行维护保养的记录,应急救援器材能正常使用	资料审查、现场检查	□符合 □不符合	

附件6 依法经营与信用管理

续上表

序号	检查事项	检查要点及要求	检查方法	检查结果	检查情况记录
12	应急管理	(1)有应急值班制度和值班记录； (2)规模较大、危险性较高的易燃易爆物品、危险化学品等危险货物运输单位应成立应急处置技术组，实行24小时应急值班	资料审查	□符合 □不符合	
13	从业人员管理	(1)抽查驾驶人员聘用考核程序符合驾驶员管理制度的要求； (2)聘用时严格审核了驾驶员从业资格条件、安全行车经历及职业健康检查结果，并对实际驾驶技能进行测试	抽样资料审查	□符合 □不符合	
		抽查的驾驶人员都未达到调离或辞退条件	抽样资料审查	□符合 □不符合	
		抽查的押运人员、装卸管理人员从业资格证合法、有效	抽样资料审查	□符合 □不符合	
		抽查驾驶人员、装卸管理人员、押运人员熟悉其岗位职责、安全操作规程和事故应急处置等内容	抽样询问	□符合 □不符合	
		抽查每次起运前都应对驾驶人员、押运人员的安全告知记录	抽样资料审查	□符合 □不符合	
		抽查是否建立个人防护设备领发放记录台账，日常检查、维护更新记录	抽样资料审查	□符合 □不符合	
		检查企业是否建立职业健康监护档案，档案中是否保存职业健康机构出具的"职业健康检查总结报告"和"职业健康检查个体结论报告"	抽样资料审查	□符合 □不符合	
14	车辆管理	抽查有车辆维护计划和相关维护记录，维护频次符合车辆技术管理制度的要求	抽样资料审查	□符合 □不符合	
		抽查车辆、罐式车辆罐体、可移动罐柜、罐箱及相关设备技术状况及卫星定位装置检查记录齐全	抽样资料审查	□符合 □不符合	
		抽查每次起运前都有对车辆、罐式车辆罐体、可移动罐柜、罐箱进行外观检查的记录	资料审查	□符合 □不符合	
		车辆技术档案一车一档，内容齐全	抽样资料审查	□符合 □不符合	
15	罐体、可移动罐柜、罐箱管理	抽查运输危险货物的罐式专用车辆常压罐体检验合格证书及相关安全附件校验报告应经具有专业资质的检验机构出具且在有效期内	抽样资料审查	□符合 □不符合	
		抽查压力容器检验合格证书及报告应经具有专业资质的检验机构出具且在有效期内	抽样资料审查	□符合 □不符合	
		抽查可移动罐柜、罐箱检验合格证书及报告应经具有专业资质的检验机构出具且在有效期内	抽样资料审查	□符合 □不符合	

续上表

序号	检查事项	检查要点及要求	检查方法	检查结果	检查情况记录
15	罐体、可移动罐柜、罐箱管理	(1)企业更换常压罐体重装介质的,有清洗(置换)相关证明; (2)清洗(置换)机构具备污染物处理能力,有证明材料	资料审查	□符合 □不符合	
16	电子运单管理	抽查运单系统、动态监控系统、运单等信息,每次运输任务有运单或者电子运单信息	抽样资料审查	□符合 □不符合	
		抽查电子运单填写情况,运单填写符合JT/T 617.5和《交通运输部办公厅关于加强危险货物道路运输运单管理工作的通知》的要求	抽样资料审查	□符合 □不符合	
		抽样比对运单、车辆运行轨迹、企业、车辆、从业人员资质、罐体适装介质等信息,企业在许可的经营范围内从事危险货物运输,且与运单填写内容一致	抽样资料审查	□符合 □不符合	
17	动态监控管理	动态监控时间覆盖了车辆运营时段,有交接班记录	资料审查	□符合 □不符合	
		企业按照相关法律法规的规定在动态监控平台中设置了超速行驶、疲劳驾驶、离线、漂移、轨迹完整率、核定运营线路、区域及夜间行驶时间和速度等阈值	资料审查	□符合 □不符合	
		动态监控人员能熟练完成实时监控、指令下发、轨迹回放、统计分析等操作	查看与查证	□符合 □不符合	
		近期动态监控平台中记录的各类违法违规报警信息,处置率达到90%以上	抽样资料审查	□符合 □不符合	
		动态监控平台中报警次数多的重点驾驶员应有重点监控和安全培训记录	抽样资料审查	□符合 □不符合	
		企业重点营运车辆均有效接入动态监控平台,企业动态监控平台有效接入全国重点营运车辆联网联控系统	资料审查	□符合 □不符合	
		抽查的车辆和驾驶员在动态监控平台录入的基础资料准确、完整	抽样资料审查	□符合 □不符合	
		企业委托第三方机构进行动态监控的,对第三方机构提供的车辆和驾驶员违法、违规行为应及时进行处理,有相关记录	资料审查	□符合 □不符合	

道路危险货物运输企业安全生产行政检查记录表——现场技术管理

序号	检查事项	检查要点及要求	检查方法	检查结果	检查情况记录
1	车辆	抽查车辆随车证件齐全、有效,车辆审验在有效期内	抽样查看、询问与查证	□符合 □不符合	

附件

附件6 依法经营与信用管理

续上表

序号	检查事项	检查要点及要求	检查方法	检查结果	检查情况记录
1	车辆	抽查车辆及相关安全设备技术状况应良好,达到一级车况	抽样查看与查证	□符合 □不符合	
		抽查车辆按要求粘贴或悬挂菱形标志牌、矩形标志牌和标记	抽样查看与查证	□符合 □不符合	
		抽查车辆按JT/T 617.7要求配备灭火器具	抽样查看与查证	□符合 □不符合	
		抽查车辆按要求配备个人防护装备和相应的应急设备	抽样查看与查证	□符合 □不符合	
		卫星定位系统车载终端安装符合JT/T 794—2019的要求,且不存在恶意人为干扰、屏蔽卫星定位装置信号、破坏卫星定位装置等情况	抽样查看、询问与查证	□符合 □不符合	
		抽查车辆起运前驾驶员、押运员对车辆(罐体)外观和安全检查落实情况	抽样查看、询问与查证	□符合 □不符合	
2	停车场及设施设备	是否具有产权证或者三年以上的租借合同或相关证明	抽样查看与查证	□符合 □不符合	
		停车场地封闭并设立明显标志	现场查看与查证	□符合 □不符合	
		运输剧毒化学品、爆炸品的车辆配备专用停车区并设立警示标牌	抽样查看与查证	□符合 □不符合	
		有安全防护、环境保护和应急救援器材且齐全有效;有专人定期检查、维护的记录	抽样查看、询问与查证	□符合 □不符合	

附件 6-2　道路运输安全生产行政检查工作汇总表

道路运输安全生产行政检查工作汇总表

被检查单位	
检查方式	
具体检查情况 （可以附相关影像、图片、文件等材料）	 （可以加附页）
检查意见： （可以加附页）	
检查人员(签名)： 日期：　年　月　日	被检查单位(盖章)：_____ 被检查单位负责人(签名)：_____ 日期：　年　月　日
注：本表一式3份，监管部门存留2份，被检查单位存留1份。	

附件6-3　危险货物道路运输路检路查事项一览表

危险货物道路运输路检路查事项一览表

序号	类别	检查项目	检查方法	检查结果	依据
1	业户资质	(1)是否取得危险货物道路运输经营许可。(2)是否超越许可事项从事道路运输	(1)通过系统信息对比,检查企业是否具有有效的《道路运输经营许可证》或者《道路危险货物运输许可证》(放射性物品道路运输许可证)。(2)通过查看运单所填货物,检查企业实际经营活动是否符合《道路运输经营许可证》或者《道路危险货物运输许可证》(《放射性物品道路运输许可证》)的经营范围	□未发现问题 □处罚	检查依据: 《道路危险货物运输管理规定》第八条、第九条、第十条、第十一条、第十二条; 《道路货物运输及站场管理规定》第八条、第二十条; 《放射性物品道路运输管理规定》第七条、第八条、第十一条、第十二条、第二十一条、第二十二条。 处罚依据: 《道路危险货物运输管理规定》第五十五条; 《道路货物运输及站场管理规定》第六十一条; 《放射性物品道路运输管理规定》第三十八条
2	车辆证件	(1)是否具有道路运输证纸质或电子证件,且证件不存在失效、伪造、变造、被注销等无效情形。(2)是否超越许可事项,从事危险货物道路运输经营	(1)通过系统数据比对等方式,检查从事危险货物(含危险废物和医疗废物)运输的车辆是否取得合法有效的《道路运输证》。(2)通过现场查看、询问的方式,检查车辆的行驶证"使用性质"是否为"危化品运输"。(3)通过现场查看运单、询问等方式,检查车辆和罐体实际承运货物是否超过《道路运输证》的经营范围,是否超过《道路运输经营许可证》或者《道路危险货物运输许可证》(放射性物品道路运输许可证)的经营范围	□未发现问题 □处罚	检查依据: 《固体废物环境污染防治法》第八十三条; 《道路危险货物运输管理规定》第十四条; 《道路货物运输及站场管理规定》第十四条、第二十三条; 《危险货物道路运输安全管理办法》第二十三条; 《放射性物品道路运输管理规定》第七条、第八条、第十三条。 处罚依据: 《道路危险货物运输管理规定》第五十五条; 《道路货物运输及站场管理规定》第六十三条; 《危险货物道路运输安全管理办法》第六十条; 《放射性物品道路运输管理规定》第三十八条

续上表

序号	类别	检查项目	检查方法	检查结果	依据
2	车辆证件	是否按照规定参加年度审验	通过查看系统信息的方式，检查危险货物运输车辆是否定期年审	□未发现问题 □整改	检查依据： 《道路运输车辆技术管理规定》第二十七条； 《道路危险货物运输管理规定》第二十一条； 《道路货物运输及站场管理规定》第五十条
3	从业人员资格	从业人员是否取得相应从业资格证件，且证件不存在失效、伪造、变造等无效情形	通过现场查看证件及系统信息比对的方式，检查从业人员的从业资格证书是否有效、年龄是否超过标准（如驾驶人员年龄是否超过60岁）	□未发现问题 □处罚	检查依据： 《危险化学品安全管理条例》第四十四条； 《道路危险货物运输管理规定》第八条； 《放射性物品道路运输管理规定》第七条、第三十二条。 处罚依据： 《危险化学品安全管理条例》第八十六条； 《道路危险货物运输管理规定》第五十八条
4	车辆技术	(1)是否按规定进行综合性能检测。 (2)是否技术等级评定为"一级"	通过系统信息比对和现场查看证件等方式，检查车辆是否按照规定的周期和频次选择有资质的检测机构进行车辆的综合性能检测	□未发现问题 □处罚	检查依据： 《道路运输车辆技术管理规定》第七条、第二十条、第二十一条、第二十二条； 《道路危险货物运输管理规定》第二十二条。 处罚依据： 《道路运输车辆技术管理规定》第三十一条
		是否使用报废、擅自改装、拼装、检测不合格以及其他不符合国家规定的车辆	(1)通过查看车辆公告、车辆行驶证、车辆登记证明材料或者检测报告等方式，现场检查车辆及罐体是否存在改装行为。 (2)车辆公告数据可以通过"道路机动车辆生产企业及产品信息查询系统 http://app.miit-eidc.org.cn/miitxxgk/gonggao/xxgk/index"查询	□未发现问题 □处罚	检查依据： 《道路运输条例》第三十条； 《道路危险货物运输管理规定》第二十二条。 处罚依据： 《道路运输条例》第七十条； 《道路危险货物运输管理规定》第六十一条

附件

附件6 依法经营与信用管理

续上表

序号	类别	检查项目	检查方法	检查结果	依据
5	设施设备	托运人是否按照要求对所托运的危险化学品妥善包装,并在外包装设置相应标志	查看危险化学品外包装情况,外包装标志清晰,符合国家标准	□未发现问题 □处罚	检查依据: 《道路危险货物运输管理规定》第二十八条; 《危险货物道路运输安全管理办法》第十二条。 处罚依据: 《道路危险货物运输管理规定》第五十八条; 《危险货物道路运输安全管理办法》第五十九条
		是否配备必要的防护用品和应急救援器材	对通过现场查看的方式,检查车辆是否按照有关法律法规和JT/T 617.7的要求配备有效的应急处理器材和安全防护设备	□未发现问题 □处罚	检查依据: 《危险化学品安全管理条例》第四十五条; 《道路危险货物运输管理规定》第三十二条; 《危险货物道路运输安全管理办法》第四十四条。 处罚依据: 《危险化学品安全管理条例》第八十六条; 《道路危险货物运输管理规定》第五十八条
		常压罐式车辆罐体、可移动罐柜、罐式集装箱是否具备检验合格证明	(1)通过现场查看资料、系统信息比对等方式,检查常压罐车、罐式集装箱、可移动罐柜是否经具有专业资质的检验机构检验合格,取得检验合格证书。对于常压罐车,重点查看检验项目是否包括紧急切断装置,检验结论是否明确反映罐体"符合国家标准GB 18564.1和GB 18564.2"或为"允许继续使用"。罐式集装箱和可移动罐柜还应取得相应的安全合格标志。 (2)通过现场查看资料、系统信息比对等方式,检查是否在检验有效期内使用常压罐式车辆罐体、可移动罐柜、罐式集装箱等	□未发现问题 □处罚	检查依据: 《安全生产法》第三十七条; 《道路危险货物运输管理规定》第二十三条; 《危险货物道路运输安全管理办法》第三十八条、第四十条、第四十二条。 处罚依据: 《安全生产法》第九十六条; 《危险货物道路运输安全管理办法》第六十二条

续上表

序号	类别	检查项目	检查方法	检查结果	依据
5	设施设备	罐车罐体、可移动罐柜、罐箱的关闭装置在运输过程中是否处于关闭状态	查看罐式车辆罐体、可移动罐柜、罐箱的关闭装置	□未发现问题 □处罚	检查依据： 《危险货物道路运输安全管理办法》第四十七条。 处罚依据： 《危险货物道路运输安全管理办法》第六十一条
		是否采取必要措施，防止危险货物脱落、扬散、丢失以及燃烧、爆炸、泄漏等	查看车辆是否已具备必要措施	□未发现问题 □处罚	检查依据： 《道路危险货物运输管理规定》第三十四条。 处罚依据： 《道路危险货物运输管理规定》第五十八条
6	运输行为	是否使用在罐式车辆罐体的适装介质列表范围内或者移动式压力容器使用登记证上限定的介质承运危险货物	查看罐体检验证书或压力容器使用登记证，询问车辆所载货物情况	□未发现问题 □处罚	检查依据： 《危险货物道路运输安全管理办法》第二十三条。 处罚依据： 《危险货物道路运输安全管理办法》第六十条
		(1)是否按照规定制作危险货物运单。 (2)是否随车携带危险货物运单	(1)通过现场资料、运单系统等线上或线下方式，查看企业是否制作运单或者电子运单。 (2)检查运单填写是否符合JT/T 617.5要求	□未发现问题 □处罚	检查依据： 《危险货物道路运输安全管理办法》第二十四条。 处罚依据： 《危险货物道路运输安全管理办法》第六十条、第六十一条
		是否随车携带道路运输危险货物安全卡	通过现场查看的方式，检查车辆的《道路运输危险货物安全卡》是否符合JT/T 617.5的要求，且随车携带	□未发现问题 □处罚	检查依据： 《危险货物道路运输安全管理办法》第四十四条。 处罚依据： 《危险货物道路运输安全管理办法》第六十一条
		是否按规定投保承运责任险	通过现场查看保单，检查车辆是否按照要求投保有效的承运人责任险	□未发现问题 □处罚	检查依据： 《道路运输条例》第三十五条； 《道路危险货物运输管理规定》第四十九条。 处罚依据： 《道路运输条例》第六十七条； 《道路危险货物运输管理规定》第五十七条

附件
附件6 依法经营与信用管理

续上表

序号	类别	检查项目	检查方法	检查结果	依据
7	动态监控	(1)是否按照规定安装或使用卫星定位装置。(2)是否存在破坏卫星定位装置以及恶意人为干扰、屏蔽卫星定位装置信号的情况。(3)是否存在泄露、删除、篡改车辆动态监控数据的情况	(1)通过现场或系统等线上线下检查的方式,检查车辆是否按规定安装卫星定位装置,是否接入全国重点营运车辆联网联控系统。(2)企业或者驾驶员是否存在破坏卫星定位装置以及恶意人为干扰、屏蔽卫星定位装置信号等情形。(3)通过现场和系统线上线下核对的方式,检查是否存在泄露、删除、篡改车辆动态监控数据等行为	□未发现问题 □处罚	检查依据: 《道路运输车辆动态监督管理办法》第十一条、第十二条、第十九条、第二十七条。 处罚依据: 《安全生产法》第九十九条; 《道路运输车辆动态监督管理办法》第三十四条、第三十五条、第三十七条
		(1)正在运营的车辆是否已上线。(2)是否存在卫星定位装置故障但仍在运营的车辆	通过现场或系统线上线下检查的方式,检查正在运营的车辆是否已上线,是否存在卫星定位装置故障但仍在运营的车辆	□未发现问题 □处罚	检查依据: 《道路运输车辆动态监督管理办法》第二十六条。 处罚依据: 《道路运输车辆动态监督管理办法》第三十四条、第三十六条
8	托运人责任	托运人是否向承运人说明所托运的危险化学品的种类、数量、危险特性以及发生危险情况的应急处置措施	询问承运人车上所载运的危险化学品的种类、数量、危险特性以及发生危险情况的应急处置措施,若发现问题追溯调查托运人职责落实情况	□未发现问题 □处罚	检查依据: 《危险货物道路运输安全管理办法》第十条; 《道路危险货物运输管理规定》第二十八条。 处罚依据: 《危险货物道路运输安全管理办法》第五十八条; 《道路危险货物运输管理规定》第五十八条
		运输危险化学品需要添加抑制剂或者稳定剂,托运人是否添加并将有关情况告知承运人	询问承运人相关情况,若发现问题追溯调查托运人职责落实情况	□未发现问题 □处罚	检查依据: 《危险货物道路运输安全管理办法》第十条; 《道路危险货物运输管理规定》第二十八条。 处罚依据: 《危险货物道路运输安全管理办法》第五十九条; 《道路危险货物运输管理规定》第五十八条

续上表

序号	类别	检查项目	检查方法	检查结果	依据
8	托运人责任	委托未依法取得危险货物道路运输许可的企业承运危险化学品的	查看企业及车辆相关证件，若发现问题追溯调查托运人职责落实情况	□未发现问题 □处罚	检查依据： 《危险货物道路运输安全管理办法》第九条； 《道路危险货物运输管理规定》第二十七条。 处罚依据： 《危险货物道路运输安全管理办法》第五十七条； 《道路危险货物运输管理规定》第六十条
		在托运的普通货物中夹带危险化学品，或者将危险化学品谎报或者匿报为普通货物托运	现场查看车辆运单、托运单、装货单等材料，若发现问题追溯调查托运人职责落实情况	□未发现问题 □处罚	检查依据： 《危险货物道路运输安全管理办法》第十一条。 处罚依据： 《危险货物道路运输安全管理办法》第五十七条； 《道路危险货物运输管理规定》第六十条
9	放射性物品道路运输活动	拒绝、阻碍交通运输主管部门依法履行放射性物品运输安全监督检查，或者在接受监督检查时弄虚作假	根据现场检查情况判断是否存在此类问题	□未发现问题 □处罚	检查依据： 《放射性物品道路运输管理规定》第三十六条。 处罚依据： 《放射性物品道路运输管理规定》第三十七条